公共性与透明度的逻辑

基于现代财政的考察与探析

赵大全 ◎ 著

中国财经出版传媒集团

经济科学出版社
Economic Science Press

图书在版编目（CIP）数据

公共性与透明度的逻辑：基于现代财政的考察与探析／赵大全著．—北京：经济科学出版社，2019.8
ISBN 978 - 7 - 5218 - 0824 - 7

Ⅰ.①公… Ⅱ.①赵… Ⅲ.①公共财政-财政管理-研究-中国 Ⅳ.①F812

中国版本图书馆 CIP 数据核字（2019）第 201025 号

责任编辑：范 莹 刘 颖
责任校对：隗立娜
责任印制：李 鹏

公共性与透明度的逻辑

——基于现代财政的考察与探析

赵大全 著

经济科学出版社出版、发行 新华书店经销
社址：北京市海淀区阜成路甲 28 号 邮编：100142
总编部电话：010 - 88191217 发行部电话：010 - 88191522
网址：www. esp. com. cn
电子邮箱：esp@ esp. com. cn
天猫网店：经济科学出版社旗舰店
网址：http://jjkxcbs. tmall. com
北京季蜂印刷有限公司印装
710 ×1000 16 开 14.75 印张 200000 字
2019 年 8 月第 1 版 2019 年 8 月第 1 次印刷
ISBN 978 - 7 - 5218 - 0824 - 7 定价：48.00 元

前　言

公共性是人类社会得以可能的本质属性，是普遍联系与相互依存的个体之间合作剩余的客观体现。透明是事物本质属性的外在显现，其实质是对不确定性的消除与否定。公共性与透明之间具有密切的逻辑关系：公共性的内涵具有公开透明的要义，公共性的实现以透明为条件；透明是公共性本质的揭示与显化，透明因公共性的界定得以可能。透明具有内在价值与外在工具的双重属性，这是由公共性的双重内涵决定的，即公共性指涉公共利益和公共性本身具有公开透明的属性。公共性作为现代财政的本质属性，在实践中具体体现为市场经济契合性、民主性与法治性。本书以公共性与透明度的逻辑关联作为基本理论框架，通过对现代财政进行考察与分析，验证了现代财政公共性与透明度的内在联系是这一理论框架的有力诠释。

一方面，现代财政与市场经济、民主和法治之间具有内在的逻辑关联：国家税收依赖关系的形成与不断加深，私人财产权利的确立与日益巩固，矛盾的两个方面伴随着市场经济的诞生与发展而不断激化。建立在私人财产转化为现代财政收入而满足公共需要这一逻辑基础之上的公民对政府的监督制约和公民权利的根本保障，就是现代财政民主本质的内涵。法治是现代财政必须遵循的契约原则的规范化和固定化的最佳实现方式，财政权力既要受法律约束，财政行为又须有法律依据。这就是现代财政与市场经济、民主和法治之间的逻辑。

另一方面，透明与市场经济、民主和法治之间具有密切的逻辑关联：市场经济实际上是将市场主体的信息、资金、技术、才能及创造力汇集起来的制度安排。信息既是市场要素发挥作用的催化剂与黏合剂，又是市场价格机制和竞争机制发挥资源最优配置作用的基础。事实上，市场经济本身就是信息经济，而信息是透明的物质载体，这就是透明与市场经济的逻辑。民主的实质就是公民当家作主，即公民参与决策与实施监督。参与决策是民主政治的核心，而公民要实践主权者参与的权利，必须以取得足够信息形成理性的判断为基础，即信息是民主之基。这就是透明与民主的逻辑。法治内在地要求将法律公之于众，公开透明是法治的应有之义。正义是法治的灵魂，而正义来自公民的认同和尊崇，公民的认同和尊崇又来自信息的公开和透明，即正义要以看得见的方式实现，这就是透明与法治的逻辑。

概而言之，家计财政是维护专治统治的财政，国家财政是实现国家职能的财政，而现代财政则是以满足公共需要来实现国家治理的财政。可以说，现代财政是市场经济财政、民主财政和法治财政的综合体与统一体。现代财政的公共性与透明度之间的逻辑关联在于：公共性是现代财政的本质，透明是对现代财政公共性本质的揭示与显化，二者是一个问题的两个方面。透明既是现代财政本质属性的内在要求，又是衡量现代财政实现程度的外在标尺。

目　录

第 1 章

导　论

　　财政是国家治理的基础和重要支柱。在经济体制改革先行的改革路径选择中，财政改革又是经济体制改革的突破口，可以说，四十多年来的财政改革是整个经济体制改革的缩影。今天，财政改革的实践迫切要求提高财政的透明度，以透明促进财政公共性的实现；信息时代的民主理财亟待通过财政信息的公开透明，为公民参与民主决策提供前提条件。财政改革的实践对理论研究提出了严峻挑战，因此，有必要从理论上阐释现代财政公共性的内涵，揭示公共性与透明度之间的逻辑关联，为构建和完善现代财政制度提供必要的理论支撑。

1.1　假设与分析框架

　　公共性是人类社会得以产生、存在与发展的本质属性。人类社会的演进是公共性的内容、形式与范围演进的过程，是公共事务信息的透明度伴随公共性演进而变化的过程，也是个体的经济地位、自主意识、个体能力不断增强的过程。

　　人类是以群体的方式存在与发展的。群体本位社会（"人的依赖"）、个体本位社会（"物的依赖"）与自由人联合体社会（"人的自由发展"）的相继演进勾画了人类社会前进的轨迹。群体本位社会的实质是人的依赖关系的社会。在此社会中，个体的经济地位不独立、个体的独立能力有限、个体的自主意识不强。以此为据，人类社会的群体本位社会阶段大致可以包括从人类社会诞生到近代民主社会形成这一漫长历史时期。个体本位社会的实质是物的依赖关系的社会。随着社会生产力的发展，个体的经济地位不断独立、个体独立能力不断增强、相应的个体的自主意识不断提高，个体日渐摆脱"人的依附"关系。但是，个体在摆脱"人的依附"关系的同时，却不幸地陷入"物的依赖"关系境地，个体并没有真正独立与自由，此时的社会是以"物的依赖"为实质的个体本位社会。从历史阶段划分来看，从民主社会形成直到今天都是个体本位社会阶段，显然，世界各国的状况并不完全一致。展望未来，伴随社会生产力的极大发展，物质财富的极大丰富，未来人类社会必将摆脱"物的依赖"关系而进入自由人联合体社会，此时，个体得到充分而全面的发展，成为真正自为自在的个体，每个人的自由发展成为一切人自由发展的条件。

公共性的产生来自初民的"群体的公共生活"及其从中产生出来的"整体性效应"。"整体性效应"最大化是人类社会的一个典型特征，人类社会由盲目依赖"整体性效应"逐渐到认识"整体性效应"再到自觉利用"整体性效应"，人类社会的发展轨迹就是沿着这条"整体性效应"最大化的路子前进的。"整体性效应"作为公共性选择成了人类摆脱自然选择的唯一选择，公共性因而是人类社会得以产生、存在与发展的本质属性。然而，公共性作为一个相对概念，对独立的个体来说才有意义，对于人的依赖关系为基础的群体本位社会来说，公共性的存在尽管是不言自明的，是一种客观存在，但由于缺乏对公共性"需求"的独立个体，探讨公共性是没有必要的，此时的公共性仅仅是一种抽象的公共性。随着人类社会的不断发展，人类活动范围的不断扩大，人类社会分工的不断深化，尤其是市场经济的产生与发展为个体得以独立提供了坚实的土壤与根本可能。在此基础上,个体本位社会诞生了,公共性需求也随之产生,群体本位社会中原本存在的抽象的公共性得以渐次展现并不断增强。但是,个体本位社会的实质是物的依赖关系社会,个体并不是真正自由的个体,此时的公共性也不过是一种非自愿性的公共性。只有进入自由人联合体社会,个体得到全面而自由的发展,每个人的自由发展成为一切人的自由发展的条件,每个个体的潜力都得到最大程度的发挥,因而,"整体性效应"也实现了最大化,此时的公共性才得以本真展现。

公共性的上述演变历程决定和制约着公共事务信息透明度的演变历程。群体本位社会早期的初民社会,公共事务信息的产生与传播几乎同时发生,因此,透明度得到自然展现。比如,狩猎活动对初民来说是公共事务,大型野兽非个体所能对付的,初民必须联合行动才能确保成功,而野兽的发现与捕猎活动几乎同时进行。可见,对于规模较小的初民群体来说,公共事务信息的公开透明是由当时生产力发展水平决定的。

随着生产力的不断发展,初民的群体规模不断扩大,活动范围也不断扩大,分工协作活动越来越频繁,专业化成为不可逆转的趋势,由简单的"采集—狩猎"型活动慢慢发展成"耕种—养殖"型的原始农业和原始畜牧业,由此出现了第一次社会大分工,随之,社会结构也相应发生深刻变革,专门从事公共事务管理活动的人员开始出现,初民的简单社会性的公共事务逐渐演变为复杂性的政治性公共事务,这样,像狩猎一类的"发现—实施"型的公共事务活动所占比例越来越小,导致公共事务信息的产生与传播越来越脱离,这就为公共事务信息为强势个体垄断提供了可能。更为重要的是,那些善于观察、善于思考的个体,在生产实践活动中对一些常见的自然或社会现象进行总结探索,发现了隐藏在事物现象背后的规律性东西,并以此指导自己或群体的实践,使自己或群体认识自然改造自然的能力大大提高，进而在与其他个体或群体的竞争中占据优势地位，这种情况表明现象与事物背后规律的脱离也加大了公共事务信息不透明的可能性，这就为优势个体垄断公共事务信息提供了方便，这些优势个体就是凭借对规律性信息的垄断或者自身或者为其他优势个体利用而渐渐取得统治地位的，继而，阶级社会伴随着强势个体通过对公共事务信息的垄断而不断攫取剩余产品的过程最终登上历史舞台。人类步入阶级统治时期后，政治性公共事务越来越成为最重要的公共事务，政治性公共事务信息的产生与传播也越来越分离，统治阶级更是认识到垄断政治性公共事务信息的必要性，甚至成为政治统治的必要手段，因此，公共事务信息的日益隐蔽就成为必然趋势。

　　经过漫长的专制社会的长夜，以生产力发展为先导，以商品经济和市场发育为契机，社会分工日益深化，人类活动范围的广度和深度发生了极大变化，社会整体结构日趋复杂，统治阶级控制公共事务信息的成本越来越高，系统风险不断加大。与此同时，个体认识世界和改造世界的能力也大大提高，个体经济地位逐步确立，个体独立意识渐渐觉醒，对公开公共事务信息的呼声渐渐高涨，统治阶级垄断公共事务信息越来越难以为继了，历史伴随民主时代的到来以不可阻挡之势迈进个体本位社会。人类社会生产力的发展始终是最终决定力量，民主时代离不开报纸、电报、电话、电视，以及互联网的发明与广泛运用，尤其是信息时代的到来，无论是社会性公共事务信息还是政治性公共事务信息的产生与传播又渐渐迈向一体化的路子，尽管此时的公共事务信息的公开透明尚含有很多迫不得已的成分，但是公共事务信息的公开透明已经日渐成为现实。然而，与未来自由人联合体社会相比，现代社会的公共事务信息的公开透明仍带有许多勉强与被迫的成分，还时时存在着政府与民众的反复博弈，保密依然是政府的一种常态。

如果公共事务信息的公开透明成为一种自然而然的事情，成为民众充分享受的权利，成为物的依赖基础上的个体向充分而全面发展的自在自为的自由人转变的重要手段时，那时的社会也就是自由人联合体的社会了（见表1-1）。

表1-1 **公共性与透明度的逻辑**

群体分类	社会本质	公共性的特性	透明度的特性	公共性的决定作用
群体本位社会	人的依赖	无我的公共性 遮蔽的公共性 抽象的公共性	原始展现	①"发现—实施"型特征的公共事务具有很高的透明度；②消费的共同性和平均性导致高透明度
个体本位社会	物的依赖	越位的公共性 错位的公共性 强迫的公共性	历史蒙蔽	①社会大分工导致公共事务信息的产生与传播越来越脱离；②社会结构的深刻变革为公共事务信息垄断提供了可能；③现象和规律的背离导致透明度低
自由人联合体社会	人的自由全面发展	自为的公共性 本真的公共性	本真展现	①生产力的极大发展；②信息时代的公共事务信息产生与传播的一体化

1.2 现代财政的时代呼唤

中国经济体制改革是以分配领域的利益调整作为切入点的。财政作为国民收入分配的枢纽，既是经济体制改革的突破口，又是经济体制改革的核心内容。概而言之，经济体制改革每往前推进一步，都是在财政的率先启动、有力保障、积极配合与大力推动下实现的。从作为改革主要手段的"放权让利"的实质来看，所放之"权"，主要是财政的具有排他性质的收入取得权；所让之"利"，主要是财政在国民收入分配中所占的份额。从"放权让利"的具体措施来看，无论是在中央与地方分配关系上实行的"分灶吃饭"，还是在国家与企业分配关系上实行的"减税让利"，乃至在与其他改革领域配合上给予的"财力保障"，财政改革都是经济体制改革的核心内容，发挥了十分重要的先行与保障作用。通过财政的"放权让利"激发了各方面改革的积极性，激活了传统经济体制下濒于窒息的国民经济的动力，使国民经济获得飞速发展，经济体制本身也逐步实现了转型。[①] 伴随各种"放权""让利"政策实施，激励机制的天平过多地向地方和企业倾斜，在激活地方与企业发展经济的同时，也相应带来了两个后果：一是"两个比重"的迅速降低；二是财政支出的急剧增加。"两个比重"迅速下降并持续偏低、财政支出迅速增长并居高不下，自然导致财政赤字逐年增加，中央财政不时需要向地方借债才能勉强度日，此时的中央财政几乎到了难以为继的地步。"放权让利"改革的不可持续性，导致改革开放初期的共赢局面不复存在，新一轮的体制改革也就不可避免。

至此，改革开放十几年以来的财政改革路径与改革手段必须进行重大转变，即由依赖"放权让利"型的利益格局调整转向"分税分级"型的规范体制构建。1992 年"社会主义市场经济体制"目标的确立，为财政体制改革指明了方向，分税制改革成为历史的选择。从 1992 年起财税体制改革踏上了制度创新之路。1992 年着手设计、1993 年方案出台、1994 年正式推出的宏观经济体制改革，其根本出发点是要给中国社会主义市场经济的建立提供一个相适应的体制性框架，以期从根本上解决中国经济周期性波动和政策频繁变动的问

---

① 高培勇．财税改革 30 年：从"放权让利"到"现代财政"［N］．光明日报，2008 - 10 - 20．

题。通过这次涉及财政、税收、金融、价格、外贸、投资等多个领域的整体性改革，基本建立起在市场配置基础上的国家宏观调控新体制，它也因此成为改革开放以来制度建设的里程碑。"这是一个长治久安的基础，是建立社会主义市场经济体制的基础。有了这个基础，目前存在的困难可以得到缓解、甚至于基本解决，大好形势就可以继续发展，经济发展速度还可以保持在一个较高的水平之上。"① 在这次宏观经济体制改革中，分税制财税体制改革无疑是改革的核心。通过分税制改革，初步建立了适应社会主义市场经济体制要求的财税体制框架，为新体制下政府实施宏观调控奠定了制度基础；建立了财政收入稳定增长的长效机制，基本实现了财政收入的规范化和制度化，"两个比重"得以逐年提高，中央宏观调控能力明显增强；新体制还推动了统一市场的形成，地区封锁和割据问题得到了缓解，同时也促进了经济结构的调整与优化。②

分税制改革只是构建规范的财政体制的起点，而不是改革的终点。这是因为 1994 年分税制改革所解决的主要问题是规范体制内的政府收入，游离于体制之外的预算外收入和制度外收入尚无暇顾及。再者，1994 年的分税制改革主要针对财政收入而言，至于财政支出亦未触及。因而，随着 1994 年分税制改革及其随后几年的巩固与深化，财政支出改革严重滞后的矛盾逐渐显现出来，财政支出管理改革被提上议事日程。于是，20 世纪 90 年代后期，以预算管理体制改革为重点的财政支出管理改革成为财政体制改革的重心，并因而触发了人们对财政改革的整体性思考，人们认识到"头痛医头、脚痛医脚"式的改革始终是被动的，必须从建立市场经济体制这一改革

---

① 朱镕基. 整顿财税秩序严肃财经纪律强化税收征管加快财税改革 [A]. 见：十四大以来重要文献选编 [M]. 北京：人民出版社，1997.

② 楼继伟. 中国三十年财税改革的回顾与展望 [EB/OL]. http：//www. caijing. com. cn/2008 - 05 - 09/100060016. html.

目标出发，重新审视中国财政改革的实践及其理论体系。实践的不断深化与反复检验，理论的艰辛探索与提炼，获得丰硕的成果——构建公共财政基本框架。1998 年 12 月 15 日举行的全国财政工作会议，明确了构建中国公共财政基本框架的目标。至此，中国财政改革进入划时代的崭新阶段。时至今日，回顾中国财政改革 40 年的非凡历程，毫无疑问，不能说 40 年的财政改革都是现代财政导向的改革，因为直到 1992 年中国才确立社会主义市场经济体制改革的目标，更明确的是，直到 1998 年中国政府才宣布建立公共财政的基本框架。然而，如果没有改革开放之初的经济体制改革，如果没有一步步地“放权让利”，地方、企业和市场主体的积极性就不可能调动起来，就不可能有 1992 年的市场经济体制的改革目标，也不可能有 1998 年的建立公共财政的改革目标。这两个目标的提出既是改革的成果，更是进一步推进改革的动力。因此，现在可以认为，40 年的财政改革就是一个从不自觉到自觉地由国家财政逐步向现代财政推进的过程。此后，作为整个财税体制改革与发展目标的明确定位，带有整体改革布局性质的现代财政框架的构建，正式进入财税体制改革的轨道。此时，财政改革的迫切任务就是进行相对于财政收入改革严重滞后的财政支出管理改革，为此，财政改革的重点转移到规范财政支出、提高财政支出管理水平上来。政府采购、会计集中核算、国库集中收付、部门预算、收支两条线、政府收支分类、公务卡制度等改革措施的相继实施，使财政支出管理逐步走向了规范化、法治化、科学化的轨道，为建立和完善现代财政的基本框架夯实了基础。

科学发展观战略思想的提出与构建社会主义和谐社会目标的确立，使现代财政基本框架的构建与完善面临崭新的时代要求。此后，财政支出的民生导向日益明显：公共财政的阳光逐步照耀到农村；基本公共服务均等化改革稳步推进；财政转移支付渐渐向中西部倾斜；

财政支出绩效改革渐次展开；绩效预算提上改革日程；财政信息公开作为政府信息公开的重要组成部分也在万众瞩目中拉开了序幕。

党的十八届三中首次把财政定位为国家治理的基础和重要支柱，并明确提出建立现代财政制度。本质上，财政的新定位和新目标更加凸显了财政的公共性，并对财政的透明度提出更高要求。国家治理的本质是公共性的拓展与实现，财政作为国家治理的基础和重要支柱，财政公共性的实现就是国家公共性实现的前提和重要内涵。从国家治理与财政的关系看，国家治理要解决好中央与地方关系、国家与个人关系及国家与企业的关系。因此，国家治理的基本框架与财政的框架是同一指向，都是这三个方面的关系。从中央与地方关系看，是二者共同的治理基点和依托，而且中央与地方关系中的分配关系又是核心，这同时也是财政体制的核心。从国家与个人关系看，国家治理最后的落脚点是具体的个人，也就是国家和个人之间的权利义务关系，个人纳税的义务与国家对个人的保护、保障，就是国家与个人权利义务关系的基本构成，个人的纳税义务主要归属财政治理，国家对个人的保护、保障又主要体现在公共产品和服务以及社会保障上面，可见，财政是国家处理与个人关系的核心手段。从国家与企业的关系来看，也是国家和企业之间的权利义务关系，企业纳税是企业的基本义务，国家为企业提供公共产品和服务，以及对企业进行财政补贴、政府采购、税收优惠等来履行国家的义务。国家与企业的关系里面，财政关系仍然是基础。由此不难看出，财政是国家治理的基础和重要支柱。财政承担起到国家治理的基础和重要支柱这一定角色定位，就要通过建立现代财政制度，更充分地凸显财政的公共性本质，并通过财政透明度的不断提高来保障财政公共性的实现。

如果对财政改革40年的历程进行总结，对未来财政改革的趋势进行展望的话，可以清晰地发现这样一条轨迹：以"放权让利"

作为突破口而启动改革→以分税制规范财政收入而推进改革→以构建现代财政基本框架与加强财政支出管理而深化改革→以公开透明和民主参与而升华改革。事实上，现代财政的公开透明与民主参与已经在中国大地上进行着可贵的探索，如湖北的财政信息公开、广东的财政透明度改革、河南焦作的民主理财、浙江温岭的参与式预算等。

1.3 信息时代的民主理财

人类经历了 5000 多年的农业经济，又经历了大约 300 年的工业经济，现在已经进入一个崭新的信息经济时代。社会学家詹姆斯·贝尼格（James Beniger）认为，到了 20 世纪 30 年代末从工业社会到信息社会的基本转变已经在实质上完成。因为在 30 年代，即电子计算机开发出来之前十多年，信息部门已经雇用了全美所有民用工人总数的 1/4[1]。而著名未来学家约翰·奈斯比特（John Naisbitt）则在其名著《大趋势》中明确指出，"信息社会开始于 1956 年和 1957 年"。其依据是"1956 年担任技术、管理和事务工作的白领工人人数在美国历史上第一次超过了蓝领工人"；而 1957 年"信息经济占国民生产总值的46% 左右，而占收入所得的 53% 多"。但是美国夏威夷未来研究中心主任吉姆·德特（Jim Dator）教授则在 1996 年夏威夷太平洋电信传播理事会第 19 届年会的主题发言中指出："在对信息社会已经到来的苍白无力的虚构中，经过数十年的冒充和误解，我们才终于开始进入真正的'信息时代'"。[2] 据中国互联网络信息中心（CNNIC）发布的

---

① James R. Beniger, The Control Revolution: Technological and Economic Origins of the Informatiom Society. Cambridge, MA: Harvard University Press, 1986, p. 25. 转引自罗杰·菲德勒. 媒介形态变化：认识新媒介 [M]. 北京：华夏出版社，2000：68 – 69.

② 明安香主编. 信息高速公路与大众传播 [M]. 北京：华夏出版社，1999：21.

第41次《中国互联网络发展状况统计报告》显示，截至2017年12月底，中国网民数量达到7.72亿人，普及率达到55.8%，手机网民数量达7.53亿人。海量的信息开始采取数位形式在分布式结构的网络上以光速传输标志着信息时代的来临。

随着信息时代的到来，尤其是以数字化、网络化、信息化为特征的计算机技术的发展，对人类社会生活及环境的方方面面都产生了巨大的影响。2000年以后，中国"两会"期间所发生的基于信息网络的政治参与和政治社会化的变化足以说明这一点。从2000年深圳市人代会期间推出的市民直接向人代会提交电子提议，到2004年8月上海市政府开通的"市民信箱"成为上海市民参政议政的"虚拟通道"；从郑州市人大会期间开通的"人代会博客"到全国和地方"两会"期间兴盛而起的代表博客热，再到众多媒体通力合作的"我有问题问总理"保留项目，以及各地"两会"期间正在普及的电子签到、电子表决、委员提案BBS、会议同步网上直播等网络技术手段，网络结构的扩张和分散化正在为在电子空间实现公民就多项公共事务展开"多对多"形式的沟通、对话铺平道路。2006年1月1日，中国政府网正式开通。这一举措，扩大了公众参与，提高了政府行政过程的开放性和透明度，不仅加强了公众对公共事务的知情权，有利于公众对政府的决策和行为提出意见和建议，同时也可以强化政府对责任的自觉意识。2008年6月20日，胡锦涛通过人民网与网友在线交流，问候网友，倾听民意，指出互联网是"做事情、做决策，了解民情、汇聚民智的一个重要渠道，非常关注网友们提出的一些建议、意见"[1]。此举堪称具有丰富的时代内涵和政治意蕴，开启了中国民主政治的新时代。2008年是中国网络环境更加

---

[1] 胡锦涛网聊20分钟 网友期待半年终于成真 [EB/OL]. http://news.sohu.com/20080621/n257639661.shtml.

开放的一年，网民的表达更加活跃。社会深层次的矛盾和不同社会阶层的利益诉求在网络平台上展现，不同政治观点和社会思潮也借助网络平台激荡发酵，网络舆论的多样性、离散性、复杂性在该年达到前所未有的程度。

从网络到实际的政府部门实现对接后，民主终于不再是一个抽象的政治词汇，逐渐成为我们的生活方式。亿万网民正以其对时代及对政治的关注与热情，掀起了新一轮突飞猛进的公众参与、社会参与、政治参与——一个全新的有别于精英政治的网络民主时代悄然来临。无论是政治民权领域的西丰事件或者是社会经济事务领域的厦门海沧 PX 事件等，网络的民主性、开放性、监督性已经成为一股强大的社会力量介入政治和社会领域，并产生深远影响。尤其是2011 年 5 月 1 日开始实施修改后的《中华人民共和国道路交通安全法》，"醉驾入刑"的条款能否有效执行，全国亿万民众在拭目以待。5 月 10 日，最高法某副院长称"醉驾非一律入刑"引发全国网民的广泛争议和批驳。随后，公安部于 5 月 18 日表态，"醉驾一律刑事立案"。其间，作为公众人物的高晓松于 5 月 9 日因醉驾肇事被刑拘，并很快被判处 6 个月的拘役。网民积极参与法律的制定，更是严格监督法律的实施，这使多年来没有形成的"违法必究"的法治精神在信息时代得以逐步确立，其意义无疑是划时代的。"在历史上，从来没有一种如今天的互联网这样对社会交流产生了如此重大的影响。这些高新技术不但影响民主，而且要改变民主。因为民主作为一种代表与民众之间的互动，而互动式通讯交流技术上的革命不可避免地对这种最重要的互动机制——代表制度（即代议制）本身产生最大程度上的影响"。① 浓缩了无数网民的理性和智能的网际公共领域不应该仅仅作为人类社会的缩影而存在，它理应成为我们

---

① 宋迎法，刘新全. 电子民主：网络时代的民主新形式 [J]. 江海学刊，2004 (6).

社会的预警系统和良性纠错机制。可以说，一个基于网络发展催生的公民社会开始发育，一个基于网络技术成熟的自由表达开始显现，一个基于信息透明的公众监督开始形成，从人民民主，指向个人权利的知情权、参与权、表达权和监督权又有了一个实现的路径。民主作为人类文明史上最重要的问题之一，在经历了各种历史阶段的洗礼之后，在前所未有的网络时代，即将从理想变成现实。事实表明，网络是一种证明机会均等的新力量，蕴涵着民主精神和民主诉求，它的发展和运用能够产生民主精神、促进民主发展。

信息民主时代的来临，对构建与完善现代财政而言既是机遇更是挑战。充分利用信息技术优势，以信息技术作为完善现代财政的物质基础与技术支撑，实现财政管理的现代化、科学化、精细化与民主化，进而充分实现现代财政的公共性，这就是现代财政面临的难得机遇；如果忽视现代信息技术的利用，无视公开财政信息的呼声，杜绝公民参与民主决策，瞻前顾后、固步自封，那么构建与完善现代财政的基本框架就是一句空话，以现代财政改革启动新的政治体制改革就是一种空想，进而，现代财政改革与发展就会逐步失去坚实的民众支持基础，这就是信息民主时代对现代财政提出的严峻挑战。

第 2 章

公共性：现代财政的哲学导向

公共性是现代财政的哲学导向。公共性具有公开性、整体性、均衡性、公平性等内在属性成为国家治理的价值内核，国家治理的本质是公共性的拓展与实现。治理是现代财政的核心，从根本上说，现代财政是治理财政，财政作为国家治理的基础和重要支柱，财政公共性的实现就是国家公共性实现的前提和重要内涵。

2.1　现代财政的哲学导向

财政的公共性起源于国家的公共性，二者具有密切的逻辑联系。公共性作为财政的内在属性只有在市场经济条件下财政由家计财政转变为国家财政进而演变为现代财政的时候，才得以凸显并逐渐成为现代财政的本质属性。此时，现代财政的公共性体现为市场经济契合性、民主性与法治性，这些特性既是公共性的表现形式，又是公共性的保障手段。

2.1.1　公共性的界定

"公共性"（publiity），顾名思义指的是"公共"的属性、性质、特质或特性。而所谓"公共"（public），其西方古典的意义有两个来源，一为希腊词 pubes，本义为"成熟"（maturity），衍生而成"公共"，指的是一个人在身体和心智上的发展成熟，并能够了解自我和他人之间的息息相关或联结；另一为希腊词 koinon，英文词的"共同"（common）由其衍生，而 koinon 又是从另一个希腊词 komois 衍生而来，本义是"关心"（to care with），意为人与人之间在工作、交往中相互照顾和关心的一种状态。① 《牛津高级英汉双解词典》对"公共"的解释是"公众的、与公众有关的，或为公众的、公用的、公共的（尤指由中央或地方政府提供的）"。②

汉语对"公共"的解释与西方有较大的区别。汉语的"公共"是"公"与"共"结合而成的复合语。古汉语中，"公"字被广为使用，而对"共"字的使用相对较少。"公"与"共"连用而成的"公共"一词最早出现于《史记》中的"法者天子所与天下公共也"③ 一句中。现代汉语对"公共"的理解，按《汉语大辞典》中"公共"的解释，意为公有的；公用的；公众的；共同的。因此，"公共"的汉语语义强调的是群体或整体的共同或公用。

以上是从字面意思对"公共性"含义所做的考察。如果就此为止，好像也没有影响我们对相关学科的研究，没有影响我们对现代财政基本框架的构建。然而，就像不懂生理学和机械学原理我们确实也能生存一样，但在更高的思想层面上，当我们遇到更复杂的情况时，当我们想准确地把握事物的本质时，则必须有意识地探究原则。无视这些我们实际上有意或无意遵从的原则只不过是在自我蒙蔽。因此，有必要透过"公共性"的字面意思去着力探索其内涵与实质。

2.1.1.1 公共性是人类社会得以产生、存在与发展的本质属性

使人类社会普遍联系起来并统一成为一个有机整体的内在属性

---

① 詹中原. 公共政策问题建构过程中的公共性研究 [J]. 公共管理学报, 2006, 3 (4).
② 牛津高级英汉双解词典 [M]. 北京：商务印书馆, 1997：1196.
③ 司马迁. 史记, 张释之冯唐列传 [M]. 长沙：岳麓书社, 2004.

称为人类社会的公共性。它作为人类社会的本质属性使人类作为一个整体得以生成，并以此把内在于人类社会的所有存在者联系起来。这种普遍联系是个体之间相互影响相互制约的关系，是人类社会的联系性、关系性、关联性，包括个体之间的关系、个体与群体以及个体与整体之间的关系。在这些关系中，劳动合作关系是最基本的关系。究其本质，公共性是人的劳动的结晶。恩格斯指出，"我们的猿类祖先是一种社会化的动物，人，一切动物中最社会化的动物"。① 这里的"最社会化"，其实质就是指人类不仅创造和使用"工具"这个延长的"手"，还"通过别人的手"② ——公共性——来弥补自己，拓展自己。劳动的发展必然使社会成员更紧密地互相结合起来，因为它使互相帮助和共同协作的场合增多了，并且使每个人都清楚地意识到这种共同协作的好处。正是这种"好处"推动了人手的形成，语言的产生，工具的发明——人手的延伸，进而"不通过自己的手而是通过别人的手来执行它所计划好的劳动"。③ 劳动协作把人与动物从根本上区别开来，最终实现具有开天辟地意义上的人猿揖别。公共性的生成与存续源自这种个体意欲解决需要的多样性与能力的有限性矛盾的动机与实践。

在马克思看来，人是唯一能够知道以群体与合作的方式来达到生存和发展目的的"政治动物"。在这种群体合作中，人一方面将自己的部分利益（包括物质的、精神的和身体的条件与资源）让渡给共同体；另一方面在这种让渡中，人也从社会共同体中获得远远大于让渡利益的生存条件和发展资源。个体让渡的过程就是人的社会化过程，那些让渡出去的部分，称之为公共性。这种公共性是人

---

① 马克思恩格斯选集（第3卷）[M]. 北京：人民出版社，1972：510.
② 劳动在从猿到人转变过程中的作用 [A]. 见：马克思恩格斯选集（第3卷）[M]. 北京：人民出版社，1960：511 – 515.
③ 马克思恩格斯全集（第20卷）[M]. 北京：人民出版社，1971：516.

类社会产生与发展的秘密所在，因为公共性是整体中每个个体的个体性的扩展，但不是个体性的算术之和，而是一种几何式的增长。个体乐于把自己的部分利益和资源让渡于共同体，原因就在于这种让渡能够使其从社会共同体中获得更有利于自己生存的手段和条件，即个体让渡汇集而成的整体效应远远大于个体之和，这就是所谓的合作剩余，个体让渡是获得分享合作剩余的条件。所以，公共性与个体性在原生态上是统一的。[①] 马克思认为："为了进行生产，人们便发生一定的联系和关系，只有在这些社会联系和社会关系的范围内，才会有他们对自然界的关系，才会有生产。"[②] 可见，公共性之于人类社会是不可缺少的一个要素。而且，马克思在分析人的本质时指出："人的本质并不是单个人所固有的抽象物，在其现实性上，它是一切社会关系的总和"。[③] "社会关系"其实就是指个体之间的合作，"至于这种合作是在什么条件下、用什么方式和为了什么目的进行的，则是无关紧要的"。[④] 个体之间需求上的相似性或共通性，他们以合作的方式共同满足每个个体的需求，而且成本因此降低；或者因为在社会交往中，个体之间的需求可能重合，就像几个平面的交集一样，这一交集的部分虽然从最本原的意义上讲是来自于单个人的需求，但因为在社会关系中，其满足和实现牵涉社会中的大部分个体或所有个体，因而拥有了相对独立的地位，并往往以超越性的面目出现，这就是公共利益。正因为"合作"是人的一种共同需要和共同利益所在，"合作"才成为一种共同意志，才是人的一种创造物。人类社会的基本规律是发展合作。确切地说，人类的这

---

① 贾英健. 公共性问题：马克思哲学研究的新视域 [EB/OL]. http：//www. phil-postdoctor-cass. cn/ asp-bin/GB/? page = 8&class = 55&id = 292.

② 马克思恩格斯选集（第1卷）[M]. 北京：人民出版社，1972：362.

③ 马克思恩格斯选集（第1卷）[M]. 北京：人民出版社，1972：18.

④ 马克思恩格斯选集（第1卷）[M]. 北京：人民出版社，1972：34.

种合作是能够生成公共性的合作。在人的社会性或社会关系中，竞争是个人性的积累，是个体和共同体的活力来源；合作是公共性的积累，是个体和共同体的生存和发展手段。[①] 因此，公共性表现为通过合作所产生的"合作剩余"。"合作剩余"是公共性的重要标志，同时也是人的丰富性、全面性和多样性的重要标志。可以说，公共性提供了人类超越其个体有限性的条件，从而衍生出其超越历史存在的可能性。

2.1.1.2　公共性是对个体的代表性与体现度

以劳动合作关系为基础的普遍联系与相互依存的个体凝聚成的人类社会中，由个体的实践活动创造的，每个个体都共有的生活现实是一种最内在、最深层的，由所有个体分享的信念、价值、习俗、习惯，是构成人类社会的公共性基础。公共性就是处理个体之间、个体与群体之间以及个体与整体之间的关系，以求在多元的利益冲突中发现共同的基点。公共性作为共性是对社会群体中的个性的一种提炼和升华，是建立在一定条件基础上的群体一致的意志或意识表达，因此，公共性脱离了社会个体的杂乱无章和无序，成为一定群体或整体的集中意志。信念、价值、习俗、习惯等集中意志和意识表达就来自人类实践活动创造的为每个个体所共有的生活现实，公共性可以看作人类社会中公共意志、公共情感、公共理性、公共价值、公共需要、公共利益对于个体意志、个体情感、个体理性、个体价值、个体需要、个体利益的代表性或体现度。[②] 可以说公共性是一种基于正义和公正，为实现公共利益而努力实践的价值体系。概而言之，公共性是对人的类存在物、类活动和类现象的高度概括和抽象，揭示的是人类共在和共处活动与关系的基本属性和条件。

---

① 袁玉立. 公共性是历史进程的一个原则 [J]. 学习与探索，2006（2）.
② 袁玉立. 公共性：走进我们生活的哲学范畴 [J]. 新华文摘，2005（24）.

2.1.1.3　公共性是人存在的条件

从哲学上来看，人是存在着的，是在世界中存在着，也一定是与他者共在着的，这是人存在的本真状态。人的行动是人所独有的并完全依赖于他人的在场。这一人存在的条件也是公共性产生的必然。所有的人类活动都取决于这一事实，即人是生活在一起的。公共性是对这一本真状态的揭示及对现实中遗忘这一本真状态的警示。公共性具有"实在性"，即人们在公共场域中从无数"视点和方面"获得的对"自我"在场的现实体验。在公共场域中，每个人因其所处的位置和角度不同从而所看到的、听到的都是不同的，是有差异的，这种差异性规定了公共性与纯个体的经验世界有所不同，在公共场域中一个人所经验和感觉的对象同时也可以被其他人在同等条件下去经验和感觉，公众具有可指涉的共同对象，而且相互之间可以互相交流和印证，公共生活的意义就在于它的这种共同实在性。如果我们不同其他人接触，封闭于个人的特殊感觉而没有共同感觉，我们就不仅失去了对共同世界的经验，甚至不能相信自己的直接感觉经验。① 黑格尔（Georg Hegel）对于自我与他者关系的分析，以及维特根斯坦（Ludwig Wittgenstein）关于私人语言不可能性的论证都说明了这一点。由他人在场所形成的公共领域不仅保证了客观世界和我们自己的现实性，而且代表了生活世界本身的意义和关系。它不仅是人存在的条件，而且是个性和自由的条件。同样，从马克思关于人的理解中，可以清晰认识到公共性概念所具有的深切的人学意味。马克思说："人同自身的关系只有通过他同他人的关系，才成为对他说来是对象性的、现实的关系"。② 这表明人不能隅于个体性的私人生活，而必须要由私人生活走向公共生活，走向"类"生

---

① 王音力. 阿伦特［M］. 台湾：台湾生智文化事业有限公司，2002.
② 马克思恩格斯全集（第42卷）［M］. 北京：人民出版社，1979：99.

活。"换言之，正是由于他是类的存在物，他才是有意识的存在物，也就是说，他本身的生活对他说来才是对象，只是由于这个缘故，他的活动才是自由的活动"。① 因此，对于个体而言，公共性意味着在一个敞开的公共领域因他者的存在而获得自我在场的真实体验；对于社会而言，公共性则意味着一种让事实公开接受具有批判意识的公众监督的秩序建构原则与价值理念。②

2.1.1.4　公共性是可见、可议、可入的场域

阿伦特（Hannah Arendt）认为公共性就是"为他人所看见和听见"③；詹姆斯·博曼（James Bohman）指出，公共性即"可明言""可被众人知晓"，从根本来说就是"可公开"或"能公开"；④ 哈贝马斯（Juergen Habermas）的公共领域强调的是一种以不同意见、立场的并存为前提的场所；⑤ 在康德（Immanuel Kant）看来，公共性是个体自我反思的主体性原则和人类迈向绝对公正秩序的客观趋势，是具有批判意识的公众所达成具有检验真理功能的共识。⑥ 公共性意味着开放性，例如公共空间的公共性即开放性。既然是公共空间，就意味着该空间具有公共的属性，那么，它是具有该空间主体资格的每个主体共同活动的场所，即符合该空间主体条件的每个主体均可自由出入，也即它必须向符合条件的每个主体开放，就此而言，有西方学者把它延伸为进入的机会平等。即事物本身一旦具有了某种公

---

① 马克思恩格斯全集（第42卷）[M]. 北京：人民出版社，1979：96.

② 沈湘平. 论公共性的四个典型层面 [J]. 教学与研究，2007（4）.

③ Hannah Arendt：Men in Dark Times, Preface, ix. , New York, 1972.

④ 詹姆斯·博曼著，黄桐怀译. 公共协商：多元主义、复杂性与民主 [M]. 北京：中央编译出版社，2006：133.

⑤ 哈贝马斯著，公共领域的结构转型 [M]. 北京：曹卫东等译. [M]. 上海：上海学林出版社，1990：174.

⑥ 杜国强著，哈贝马斯的公共性概念探幽 [J]. 黑龙江省政法管理干部学院学报，2007（3）.

共性，就意味着同等条件下的每个个体都享有自由参与该事物的资格与权利。由此，多主体汇集形成一个公共世界才得以可能。

2.1.1.5　公共性是伴随着个体的独立而渐次展现的

马克思根据作为社会历史主体的人的发展状况把人类历史发展过程划分为三种社会形态：人的依赖性社会、物的依赖性社会和人的全面而自由发展的社会。这三种形态可以表述为群体本位社会、个体本位社会与自由人联合体社会。公共性作为人类社会得以可能的本质属性是与人类社会相伴相生的，没有人类无所谓公共性，没有公共性人类社会无以产生、存在与发展。但是，公共性的显现却是一个伴随着个体日渐独立于整体过程中渐次展现与日益强化的过程。总而言之，公共性是一个既客观存在（绝对性）又具有相对意义的概念，其相对意义就是相对于独立的个体来说的概念，仅就整体与群体而没有个体而谈论公共性是无意义的，这也就是公共性伴随着个体的逐步独立而不断显现的深层原因。

本书认为，公共性是人类社会得以可能的本质属性，是普遍联系与相互依存的个体之间合作剩余的客观体现，是个体日渐独立于整体过程中本质属性的渐次展现与日益强化。

2.1.2　公共性的历史演进

公共性不仅作为特定的范畴存在于人们的观念中，而且作为客观的历史事实存在于社会发展过程中。作为历史范畴，在不同历史时期，公共性具有不同的内容、形式与范围。如果从马克思"三大社会形态"理论来考察人类社会的公共性演进历史，可以清晰地发现公共性的原始形成、公共性的日渐展现与公共性的最终实现这一发展趋势。人们对马克思关于人类社会五阶段划分（原始社会、奴隶社会、封建社会、资本主义社会、社会主义社会与共产主义社会）的理论耳熟能详，但对于人类社会形态的三阶段划分（人的依赖性社会、物的依赖性社会和人的全面而自由发展的社会）的理论则显得相对陌生。其实，"三大社会形态"理论科学地界定了人类社会的发展阶段、描绘了人类社会演进的历史轨迹，具有重要的理论意义与现实意义。对此，马克思在《1857—1858 年经济学手稿》中有着深刻的论述。马克思根据作为社会历史主体的人的发展状况把人类历史发展的过程划分为三种社会形态：人的依赖性社会、物的依赖性社会和人的全面而自由发展的社会。马克思精辟地指出："人的依赖关系（起初完全是自然发生的），是最初的社会形态，在这种形态下，人的生产能力只是在狭窄的范围内和孤立的地点上发展着。以物的依赖性为基础的人的独立性，是第二大形态，在这种形态下，才形成普遍的社会物质变换，全面的关系，多方面的需求以及全面的能力的体系。建立在个人全面发展和他们共同的社会生产能力成为他们的社会财富这一基础上的自由个性，是第三个阶段。第二个阶段为第三个阶段创造条件"。①马克思的"三大社会形态"理论紧紧把握人类解放这一具有统摄意义的核心理念，阐发了最深刻的关于"公共性"的思想，这就是马克思、恩格斯终生为之追求，为之献身的共产主义事业———一种灭失了阶级的、异化的，充满了最为丰富公共性的，因而也是最具个人性的社会。

2.1.2.1 群体本位社会的公共性

人作为类存在物，天然聚集生活在一起，从初民社会开始，人类社会就具有天然的整体性，并以合作剩余的方式克服个体的局限性，在推动人自身进化的同时，也推动了人类历史的前进。这就是公共性的基本内涵，公共性是人之为人的超越性追求的根源。

---

① 马克思恩格斯全集（第 46 卷上）[M]. 北京：人民出版社，1979：104.

1. 人类是以群体方式产生、存在与发展的

人类诞生之初就演绎着一幅丰富多彩的"类"生活，即群体生活。《管子·君臣》载："古者，兽居群处"，《吕氏春秋·恃君览》曰："昔太古，其民聚生群处"，《论衡·齐世》言："伏羲以前，群居聚处"，这些古代典籍都有关于初民以群居为生存方式这一事实的记述。人类漫长的进化历史表明，个人无法脱离群体而生存与繁衍。在人类作为物种进化的早期阶段，由于生产力水平极其低下，人们过着食不果腹、衣不蔽体的生活，生存境况极为恶劣，个体对抗自然环境和与其他物种竞争的力量十分微弱，人类只有通过结成氏族这样一种社会性的组织形式，才能够抵御大自然的肆虐。此时，维护群体的稳定和发展成为压倒一切的目标，社会成员的行为表现出高度的合作精神。通过群体中个体之间的合作，在自然选择中形成的优势个体比普通个体创造了更多的劳动剩余和生存机会，这些剩余产品和生存机会作为种族的公共需要和公共利益弥补了普通个体，特别是其中弱势个体的需求不足，阻断或延缓了自然对弱势个体的淘汰，扩大了种族的数量，增加了种族的生存概率。即只有在群体中，普通个体，特别是其中的弱势个体才可能从群体的公共利益中增强生存机会。① 合作的程度越高，对于族群来说，生存和发展的空间也就越大，适应和抗争严酷的自然界的能力就越强。同时，群体中的优势个体也只有通过合作，才能最大限度地发挥其领导和组织能力，实现个体无法完成的目标。大量考古事实表明，直立人阶段的原始人类已经过着集体劳动、共同消费的群体生活。事实上，人类自身的条件决定了人类生活只能是一种群体生活。群体所具有的基本功能就是给人们提供一个能够分工和协作的有序的场所。有序性及其所呈

---

① 袁玉立. 公共性是历史进程的一个原则——对马克思主义历史决定论的进一步思考 [J]. 学习与探索，2006（2）.

现的秩序是使个体活动得以可能，从而也是使群体生活得以可能的必要条件和根据。群体秩序对于群体中的个体来说，具有普遍必然性。

亚里士多德（Aristotle）的《政治学》开宗明义地指出：人类就像蜜蜂和大象那样，是群居的，个人结合成为家庭，家庭结合在一起成为村落，村落结合起来成为国家。国家是这一过程的极点，是人类社会的完美形式。① 西塞罗是古罗马的法学家，他是柏拉图和亚里士多德思想的继承者，认为人在本性上是合群的。② 亨利·梅因（Henry Maine）强调："必须反复提醒的是，古代的法律没有个体的观念。它考虑到的是家族而不是个人，是一个团体而不是个体"。③ 马克思深刻地认识到："我们越往前追溯历史，个人，从而也是进行生产的个人，就越表现为不独立，从属于一个较大的整体：最初还是十分自然地在家庭和扩大成为氏族的家庭中；后来是在由氏族间的冲突和融合而产生的各种形式的公社中"。④ 涂尔干（Emile Durkheim）也认为，"社会"不是一种个体结合的结果，而是理论分析的前提。在他看来，"群体的公共生活"及其从中产生出来的集体效应，是一种毋庸置疑的"先在"存在。它既独立于我们的认识之外，又发生在我们的分析之前。简而言之，"社会"始终是一个具有独立主格的存在体。⑤

2. 公共性伴随着人类社会的产生而产生

公共性起源于人的早期社会性。一般认为，起源于家庭，由双

---

① 亚里士多德著，颜一，秦典华译.政治学［M］.北京：中国人民大学出版社，2003：4.

② 毛寿龙.政治社会学：民主制度的政治社会基础［M］.长春：吉林出版集团有限责任公司，2007：5.

③ 亨利·梅因著，沈景一译.古代法［M］.北京：商务印书馆，1996.

④ 马克思恩格斯全集（第46卷上）［M］.北京：人民出版社，1979：21.

⑤ 爱弥尔·涂尔干著，渠东、汲喆译.宗教生活的基本形式［M］.上海：上海人民出版社，1999：236 - 239.

亲和后裔组成的较为稳定的然而却是封闭的群体，其中个体之间在资源和配偶优先占有方面存在着竞争和合作行为，因而就存在着差异和排位，自然就形成了优势等级或优势个体。当优势个体主要不是来自遗传和变异，而主要是来自学习、竞争和合作时，人的早期社会性开始萌芽了。① 其间，优势个体与其他个体之间表现为自觉的控制与服从关系，优势个体对群体的生存与发展肩负着重要责任，从而普通个体的生活和生存越来越离不开优势个体的生存智慧和群体之间的帮助，优势个体的优势地位的巩固也日益取决于其与普通个体的合作。初民逐步发现，与自然选择相比，选择合作能够带来很多"好处"：第一，生存资料的增加。这包括两种情形：（1）因群体的创造而带来绝对量的增加；（2）个体创造的偶然剩余在群体成员中因充分利用，即由于减少浪费而带来的相对增量。第二，劳动工具的充分利用。第三，公共安全获得显著改善。第四，更重要的一点，推动"集体"首领的生存智慧的发展，这是集体每个成员智慧的综合与提高。② 当"每个人都清楚地意识到这种共同协作的好处"③ 时，公共性产生了。于是，选择公共性或公共性选择成了人类摆脱自然选择的另一种选择。这种另辟蹊径，从此开创了人类的历史。因此，人类社会对于动物世界的优势，实际上就是公共性选择，这是对于他人的、群体的力量的借助，是对于公共资源，包括公共意志、公共利益和公共价值的自觉利用。公共性选择是人类以合作的力量对于严酷的自然条件的适应，因而是人类以其特有的智慧对于自身生存能力的提高。个体有效利用公共性容易成为优势个体，获得个体发展的多样性；否则成为普通个体或弱势个体，随时

---

① ② 袁玉立. 公共性是历史进程的一个原则——对马克思主义历史决定论的进一步思考［J］. 学习与探索，2006（2）.

③ 马克思恩格斯选集（第3卷）［M］. 北京：人民出版社，1972：511.

有被淘汰的危险。学习、交往与合作是有效利用公共性的基本条件。个体生存与发展的优势完全取决于其对公共性的利用程度，取决于借助他人的和群体的力量的多寡。① 个体的能力差异十分有限，但通过公共性的有效利用，却可以获得相对充足以至无穷限度的创造力。因此，公共性选择是人类创造的独特的生存智慧和发展路径。

可以认为，人的公共性得以形成，有赖于他们的共同性及其基础上的合作。自在的自然不能直接满足人类生命个体的需要，有限的个体无力实现自己多方面的需要，这就决定了人们必须通过共同的生产实践来改变自然的自在形式以获得自身需要的满足。② 生产实践作为人的基础性活动，源自人的非圆满性、非自足性，人只有不断地进行生产才能保证自己的存续，劳动既创造了人，又成为人存在和发展的手段。生产劳动在通常情况下都不是单个个体独自进行的，合作与协作成了生产劳动得以进行的根本出路。每个个体因其需要的多样性与其独自满足需要的能力有限性的矛盾，使每个个体必须以类的形式存在，只有借助合作与互助，生活资料的总供给量才能最大化，人的生活世界的丰富性才有可能。③ 通过合作，个体延长了自己的身体和工具系统，扩大了自己的活动空间。与此同时，在重复进行的主体间的交往中，主体间性的逐步确立，使共同感得以生成，共同感在主体间的认同、确认、过渡中起着至关重要的作用，它使幸福的分享和痛苦的分担成为可能。最终，个体在这种共同的生产实践中形成了社会性群体或整体，形成了共同的习俗和行为规范。习惯和行为规范既承载了不同的价值又保证了价值的存在

---

① 马克思恩格斯选集（第3卷）[M]. 北京：人民出版社，1972：511.

② 王维国等. 哲学对公共活动领域的关注 [J]. 北京大学学报（哲学社会科学版），2003（3）.

③ 埃德蒙德·胡塞尔著. 生活世界现象学 [M]. 倪梁康，张廷国译. 上海：上海译文出版社，2002.

和实现，进而使生活世界成为可能。习惯和行为规范的实质是类行为和类现象的序化与规范化，这种序化和规范化具有了社会关系的规定，社会关系通过对个体的规定使其具有了社会性。人们正是在习俗和行为规范的引导下，使自身的社会生活成为一种有秩序的生活。社会秩序就是人类最基本的可共享的利益，因而公共活动的主要方面就是生产和供给社会秩序。回顾历史不难发现，当我们的类人祖先集学习、竞争与合作于一身逐步走进人类社会时，每个个体的生存与发展，也就愈来愈取决于合作。人类社会的基本规律就是合作，确切地说，人类的这种合作是能够生成公共性的合作。在人的社会性或社会关系中，竞争是个体性的积累，是个体和整体的活力来源；合作是公共性的积累，是个体和整体的生存和发展条件。竞争和合作都是整体的存在形式，但合作以协作和分工为表现形式，并且还是整体的存在依据。

3. 群体本位社会的公共性

在原始社会中，生产资料是共有的，属于部族整体而非个人，人对人的占有不可能发生，但这种原始的公有制是与人的个体性尚未诞生相一致的，财产权的未分化状态也意味着人的未分化状态即个体主体性还没有生成，个体只能无条件地隶属于作为生产资料和生活资料拥有者的群体。因此，"人的依赖关系（起初完全是自然发生的），是最初的社会形态，在这种形态下，人的生产能力只是在狭窄的范围内和孤立的地点上发展着"。① "人的依赖关系"又是最初的社会资源，是单个人的存在所仅能依赖的公共资源，因而"是最初的社会形态"。这种依赖关系表现为两个方面：优势个体依赖普通个体的响应、服从形成的"合力"，普通个体依赖优势个体的智慧、威权引导"合力"的方向。在这个最初的社会形态中，个体仅

---

① 马克思恩格斯全集（第46卷上）[M]．北京：人民出版社，1979：104.

以躯体的力量（实际上是一种自然力）形成的"集体力"来创造新的生产力，这种渺小的却是革命性的力量，推动人类社会由小群体向越来越大的族群或社会发展。因而，此时个体的生命只能在族群的存在和发展中才能存在和发展。马克思谈到封建社会时曾多次强调，人身依附关系构成该社会的基础。必须指出的是，我们过去常常把封建的人身依附关系仅仅理解为农民依附于封建主，这显然是肤浅的。实际上正如马克思所说的，封建依附关系最深刻的本质在于交换的缺乏导致的"个人尚未成熟"、个人依附于整体，亦即个人"从属于一个较大的整体"，个人是"狭隘人群的附属物"，等等。① 而这种依附关系之所以常常表现为农民依附于封建主，只是因为后者作为"天然酋长"、大家长或保护人而成为整体的代表与人格化体现者。从这个角度说，他们本身也是依附于整体而存在的。

古希腊人的城邦生活可以看作另类，除此之外的欧洲社会在启蒙以前都是一部诠释"人的依附关系"的历史。在中国古代，这种"人的依附关系"发挥到极致。这可以从三个层面予以确证：第一，个体对"天人关系"的依附性。中国古人把人与自然的关系称为天人关系，皇帝是代行天道的天子，人们要绝对服从君主。第二，个体对人伦关系的依附性。个体对群体的依附，首先是对家庭关系的依附，即个体依附于血缘关系和宗族关系。以宗族关系为核心形成的人伦关系约束着每个个体，个体始终依附于族权、父权、夫权的人伦关系之中。第三，个体对政治关系的依附性。中国古代政治制度是以家国同构的面目出现的，宗族中、家庭中的经济关系、人伦关系与政治关系交织在一起，在"天人合一"的框架下组成一个复杂的等级网络。② 人们生活在这张无形的大网之中，每个个体既定的

① 马克思恩格斯全集（第23卷）[M]. 北京：人民出版社，1979：87.
② 郭小聪. 中西古代政府制度的思维路径比较 [J]. 中国人民大学学报，2005（1）.

和被固定的等级位置与地位是组成这张大网的一个个节点，个体既组成了这张大网又离不开这张大网。生活在这张网中，个人即须按照三纲五常的原则和秩序活动，形成人与人之间身份的等级差别，即每个人都有自己的名分。"名"，即个人在社会关系网络中的位置地位的名称，如君、臣、父、子、夫、妻等；"分"，就是不同名的个体所必须遵从的关系，如"臣事君、子事父、妻事夫"。"名分"所强调的是个人对他人、个人对群体、个人对社会、国家的固定不变的等级依附关系。在依附关系中来规范、制约个体及其行为，是君主专制制度的一个重要特征。① 马克思精辟地断言："专制制度的唯一原则就是轻视人类，使人不成其为人。"②

中国这种高度的人的依附关系的传统直到中华人民共和国成立才有所松动。但是，以"单位"为特色的中国社会仍然充斥着种种人的依附关系。改革开放前单位无所不在，城市中居于再分配体制中心的行政单位、事业单位和国有企业单位属于典型的单位，农村基层组织（人民公社、生产大队、生产小队）也具有单位的特征，可以说，"国家—单位—个人"的框架几乎囊括了社会中的每一个人。中国的单位担负着社会保障的责任，个人一旦离开单位，就面临着丧失基本生活保障的危险；单位作为国家资源的拥有者，可以为其内部成员提供包括住房、医疗、保险等在内的各种福利；此外，改革以前单位组织还是其成员合法身份的证明。基于单位组织与其成员的种种关系，不难看出，个人在很多方面、很大程度上都离不开单位组织，由此形成了个人对单位组织的依赖关系。

在整个传统社会，受身份制度、等级制度的制约，个体从属于整体，作为广大普通民众包括其生命在内的一切基本上都属于他人，

① 郭小聪. 中西古代政府制度的思维路径比较［J］. 中国人民大学学报, 2005（1）.
② 马克思恩格斯全集（第1卷）［M］. 北京：人民出版社, 1956：411.

因而其在活动中所表现出的"为他性"实际上成了"属他性"。也就是说，在整个传统社会，独立的个人是不存在的，即个人"还未成为真正意义上的主体"。① 对于绝大多数人来说，没有自我权利，自然也谈不上自我意识；没有自我意识，也就谈不上自我确证；没有自我确证，公共性也就无从谈起了。人们只知道属于别人，无权要求别人。当人的一切活动都以"属他"的方式出现时，实际上就丧失了"自我"、取消了"自我"。正因为如此，虽然在古代，思想家们就注意到了公共性现象，但无论在理论上，还是在现实中从未真正关注过"自我"，重视过"自我"。因此，这是一种取消与遮蔽了自我的公共性，因而只能是一种抽象的公共性。

2.1.2.2 个体本位社会的公共性

群体社会的公共性是一种人的依赖关系的公共性，是人类社会在生产力极其低下的历史条件下不得已而为之的现实选择。人类社会的真实公共性是伴随个体本位社会的孕育、演变和发展而不断显现的，因此，进入人体本位社会之后探讨公共性才具有现实意义。

1. 个体本位社会的孕育、演变与发展

系统论认为，当一个整体系统变得日益复杂时，系统整体对各子系统的控制就变得越来越困难。此时，子系统"自治"是解决问题的一个重要途径，自治减轻了系统中心维系整个系统的重负，降低了系统运转的成本，而带来子系统可能有损系统整体利益的风险。只要这一风险所造成的损失低于系统运行成本的降低，自治就能成立。当子系统没有自治的时候，它只是整体不可分割的一部分，而当子系统自治以后，就有了有别于整体的独立的利益，这时个体就诞生了。个体可以联合为整体，整体也可以分化为个体，个体的形

---

① 王维国，崔东杰，郑丽. 人的公共性及其实现［J］. 廊坊师范学院学报，2007（23）：3.

成是在整体变得过于复杂时的一种解决方案。自治就是个体相对于整体的自由，个体的自由也就意味着个体的独立。"复杂度"是个体得以独立的一个重要指标，随着复杂度的变化，个体与整体之间的关系在发生变化，"自由度"也会发生变化。①

本书认为，人类社会是以群体的方式为起源的，而不是传统的个体逐渐联合成群体进而联合成整体的观点。人类是群居动物，但群居的人类同时又以独立的个体的形式而存在。作为独立的个体，人不仅能够意识到自己的独立存在，而且有一种自利的倾向，它有一种满足自身需要、欲望和目的的强烈冲动。这种冲动最终表现为对外在对象，即所谓"资源和条件"的改造和占有。但是，在原初时代，认识能力与适应自然、改造自然能力极其有限的个体离开了群体就可能在与自然界其他生物的竞争中败北，在人与人的竞争中，个体也永远不是整体的对手。也许正是在对外在对象或"资源和条件"的改造和占有的过程中，人们意识到了个人力量的不足或者独自占有的不可能性，而同时又意识到了联合起来的群体力量的优势以及以群体形式占有的合理性，因此，人类选择了群居的生存方式，形成了人类社会。"整体性效应"最大化（降低生存成本）是人类社会的一个典型特征，人类社会由盲目依赖"整体性效应"到逐渐认识"整体性效应"再到自觉利用"整体性效应"、人类社会的发展轨迹就是沿着这种"整体性效应"最大化的路子前进的。与此相伴，人类社会整体系统经历了一个由简单到日趋复杂的演进历程。同时，伴随着生产实践活动而产生与发展的文化知识体系，使人类有了独立于物质世界的精神层面，由于人类个体之间可以精神交流，就产生了社会整体的精神——文化。这使人类社会的复杂度大大增

---

① 盛洪. 先有整体，后有个体 [EB/OL]. http：//www. china-review. com/sao. asp? id = 19937.

加。整体复杂度本身又会对其与个体的关系产生影响，即增加了对个体"控制"的能力和手段，其结果是使社会规模大大增加。对于社会来说，文化传统作为整合手段的优点是，它使接受文化的个体自愿地服从整体，从而减少迫不得已的强制手段。历史地看，以群体形式诞生的人类热衷于整合的步伐在"人类社会的完美形式——国家，这一过程的极点"出现之后就不得不止步了，其后，人类尽其智慧都在殚精竭虑地维护"国家"这一人类社会的完美形式。从历史发展事实来看，国家作为整体系统的复杂程度远远超过统治者的控制能力时，维护整体系统的运行成本远远大于子系统自治带来的风险成本时，统治者就不得不以让子系统自治的方式减轻整体系统压力，中国历史上秦朝的郡县制是如此，现代社会不同形式的自治也是如此。

但是，辩证地看，个体性是人的自然属性，个体独立意识是人之为人的条件。以群体方式诞生的人类在整体性导向的表象下是个体利益的最大化。亚里士多德称个体为"第一本体"所强调的正是个体的独立自主品格。个体主体性诞生于原始部族社会的瓦解期，在原始公有制消亡的过程中率先拥有了私人财产的那部分人是最早的独立个体：当单个人能够对着某些财产说"这是我的"时，"我"的意识即"个体—主体"意识才可能真实地形成并被固定下来，所以，黑格尔把主体性与财产权联系起来并揭示了个体主体性的生成机制。摩尔根（Lewis Morgan）在其《古代社会》中指出了财产权的产生与演变：部落生活中的人们只有极少的私人用品，随着生产力的发展，土地和住宅逐渐转变为私有物。社会分工的出现，家庭开始成为基本生产单位，家庭的剩余产品成为私有制产生的根本原因。因此，家庭拥有专属自己的物品和对象的历史事实，是"私"念的历史起源。与此同时，社会中不属于个人或家庭的部分就成为早期"公"念的起源。"农耕—畜牧"模式的传统社会中，土地和牲畜成为人们最重要的私有财产。祭司、集体的安全和秩序、应对自然灾害、交通与灌溉等是重要的社会公共事务。建立在市场经济基础上的现代社会中，科技的进步、机械的发明与广泛应用、现代能源的使用，家庭作为基本生产单位逐渐由企业所代替。家庭生产的解体使原本固化在家庭中的生产要素逐渐社会化，人力、劳动对象和生产工具等生产要素只有社会化地结合在一起，才能生产出特定产品来。这就要求，企业必须通过彼此的联系、通过企业与社会的联系获得正常生产的全部条件。[1] 这些普遍联系与相互制约的关系是人类社会得以可能的本质属性在现代社会的新的表现，即人类社会固有的公共性本质属性随着生产力与生产关系的发展而不断演变。

2. 个体本位社会公共性的渐次展现与强化

在西方文明的源头古希腊，个体意识已发展到相当高度。亚里士多德说："天赋、习惯和理性为培养人生诸善德的根基""人人都爱自己，而自爱出于天赋，并不是偶发的冲动"。[2] 人需要互利是因为人类天赋具有求取勤劳服务同时又愿获得安闲的优良本性。只有作为部分的延伸的整体才是真正的整体，作为个体利益的延伸的公共道德才会被个体自觉遵守。[3] 这些都充分体现了人的觉醒。罗马哲学家普罗提诺（Plotinus）认为，每一个个体都是一切，每一个个体都是伟大的。[4] 受此理念影响，罗马法对个体给予了应有的关怀。市民法作为罗马法的核心，在对个人权利的保障上，已经具有了较强的个体主义色彩。但是，罗马法具有的个体主义色彩仅仅是短暂的一瞬，从整体主义到个体主义的交替似乎将要出现，却又很快被拉

---

① 高鹏程. 试析公共性的概念 [J]. 中国行政管理, 2009 (3).
② 亚里士多德著, 吴寿彭译. 政治学 [M]. 北京: 商务印书馆, 1965: 434.
③ 周辅成. 西方伦理学名著选辑（上卷）[M]. 北京: 商务印书馆, 1964.
④ 罗素. 西方哲学史（上卷）[M]. 北京: 商务印书馆, 1981: 373.

回整体主义的老路。① 历史迈进了中世纪的漫漫长夜，宗教神学和封建专制成为主宰，个人完全从属于上帝而丧失了其独立性，个体显得微不足道。"个人把自己完全融化并沉浸在共同体之中——这个共同体是一个大一统的有机体，在这个有机体中，每一个成员都有自己的一份工作，都要履行自己的职责。因此，个人的生存并不仅仅是为了自己，个体并不重要，重要的是落在个人身上的责任，即他应做出的贡献。"② 这是一个头顶着神的光环的整体无情地禁锢着每一个带有"原罪"的个体的时代。资本主义经济在米兰、威尼斯、佛罗伦萨等地的萌芽，兴起了所谓的"3R"运动，③ 推动西方社会向资本主义时代迈进。当文艺复兴的曙光照亮了中世纪的漫漫长夜，个人被重新发现了，随着人本主义思潮的勃兴，个体意识再次觉醒。一句"我思故我在"指出，"对每个人来讲，出发点是他自己的存在，不是其他个人的存在，也不是社会的存在"。④ 个体主义在文艺复兴时代第一次得到充分的发展，此后逐渐成长和发展为我们所熟悉的西方文明。个体主义认为，社会的目的仅在于满足个人的需要，保护个人的权利，使个人能去追求自己的利益。个人本位与自由竞争有效地适应了新兴的资本主义生产方式，促进了生产力的飞跃，极大地推进了资本主义社会的发展。⑤ 个体主义秩序的确立，被人们

---

① 蒋悟真，李晟．社会整体利益的法律维度——经济法基石范畴解读［J］．法律科学（西北政法学院学报），2005（1）。

② A·古列维奇著，庞玉洁，李学智译．中世纪文化范畴［M］．浙江：浙江人民出版社，1992：186.

③ E. 博登海默著，邓正来，姬敬武译．法理学——法哲学及其方法［M］．北京：华夏出版社，1987：133. 第一个"R"就是罗马法被重新发现；第二个"R"就是文艺复兴；第三个"R"就是宗教改革。

④ 罗素著，何兆武，李约瑟译．西方哲学史（下卷）［M］．北京：商务印书馆，1997：121.

⑤ 蒋悟真，李晟．社会整体利益的法律维度——经济法基石范畴解读［J］．法律科学（西北政法学院学报），2005（1）。

视为巨大的进步，而且也是完善社会的体现。这时，在经济领域，人们开始崇尚并逐渐执着于这样的理想模式：个体自由的经济秩序、个体高效的经济效率、个体享有的经济权利、个体平等的经济地位，以及由上述各方面构成的公平正义。

资本主义市场经济不仅使人从自然界获得了解放与发展，而且使人和人的社会关系从对人的依赖转变为对物的依赖，从而使人获得了更大的主动性和能动性，即更大的自由。它"把一切封建的、宗法的和田园诗般的关系都破坏了。它无情地斩断了把人们束缚于天然尊长的形形色色的封建羁绊"。① 人不再依赖于某个群体，而成为具有独立人格的个人。马克思强调发展生产力，是为了探寻人的发展的历史进程，最终为了人的解放、自由和发展。"整个历史也无非是人类本性的不断改变而已"②。马克思认识到，"只有随着生产力的这种普遍发展，人们之间的普遍交往才能建立起来……最后狭隘地域性的个人为世界历史性的、真正普遍的个人所代替"。③ 现代市场经济社会能够培育"社会的人"的一切属性，把他作为具有尽可能丰富的属性和联系的、因而具有尽可能广泛需要的人生产出来，即把他作为尽可能完整的和全面的社会产品生产出来，他要多方面享受，就必须有享受的能力，必须是具有高度文明的人。④ 在此基础上，社会最终演化为一个"自由人"联合体，在那里，"以各个人自由发展为一切人自由发展的条件"。⑤

有趣的是，公共性作为人类社会得以可能的本质属性，只有在

---

① 马克思恩格斯全集（第4卷）[M]. 北京：人民出版社，1974：468.
② 马克思恩格斯全集（第4卷）[M]. 北京：人民出版社，1974：174.
③ 马克思恩格斯全集（第3卷）[M]. 北京：人民出版社，1972：39.
④ 何爱国. 人的依赖、独立与自由发展：马克思主义发展史观解读 [J]. 史学理论研究，2007（3）.
⑤ 马克思恩格斯全集（第4卷）[M]. 北京：人民出版社，1974：491.

个体本位社会中才逐渐得以展现、认可与刻意追求。事实上，公共性是一个相对意义的概念，是相对于个体性来说才有意义的。在群体本位社会时代，公共性的存在尽管是不言自明的，是一种客观存在，但是对于没有独立的个体来说的群体本位社会，探讨公共性是没有必要的，也即没有对公共性的"需求"。个体意识的觉醒与个体的独立使公共性问题凸显出来，也使个体认识到公共性的必要与价值，进而引起对公私领域的探讨和政府与市场边界的执着界定。到了现代，公共性成为现代性最基本的特征。现代性中的契约精神、公共理性、民主诉求、主体性精神是公共性发展的必然产物。正是在个人和社会发展过程中伴随着公共性的强化态势，社会资源配置的公平、公正、公开等公共性品格才日益凸显，现代契约精神才能引导个体性的让渡、交换和扩展，从而才使个体理性提升到更为科学与民主的公共理性，使主体性中的个体意志服从并融会于公共意志，这样，现代人才有了大写的人的意识、价值和潜能。这是一种真正意义上的人文精神，同时也是一种引领历史前进的科学精神。人是在其实践的基础上，丰富和发展着自己的公共性。

2.1.2.3 自由人联合体社会的公共性

因生产力的极大发展和人类的解放，自由人联合体社会的公共性是一种自为、本真的公共性。它摆脱了群体社会因生产力极其低下而形成的人的依赖关系的束缚，也挣脱了个体本位社会因阶级和生产力不发达导致的物的依赖关系的桎梏，能够为个体充分分享的公共性，它是人对自身全面丰富的理解的一种结果。

1. 自由人联合体社会的设想

以物的依赖关系为基础的个体本位社会不存在真正的自由。英国社会学家罗德里克·马丁（Roderick Martin）认为，技术和自然资源决定着急需性的情况，急需性和财产继承导致对资源的不同控制形式，而不同控制形式导致因渴望获得资源而形成的依赖，不平衡的依赖和摆脱依赖的有限可能则导致服从。① 哈耶克指出经济权力能成为强制的一种工具，虽然它在私人手中决不是支配一个人全部生活的权力，但是如果把它集中起来作为政治权力的一个工具，它所造成的依附性就与奴隶制度没有什么区别。② 随着资本时代的来临，公共权力通过对资源的占有而不断加强对人的控制。资本时代，商品和资本颠覆了传统社会建立在土地和房产等之上的权力基础，使流动性资本"货币"成为资本时代的权力核心。资本成为公共权力的物质基础，也成为控制人的得力工具。马克思揭示了商品和资本是资产阶级用来获取公共权力的手段。资本家正是通过对剩余价值的剥削逐渐走上集中资源、垄断经济权力的道路，进而利用经济力量控制政治权力，最终成为统治阶级——以无产阶级为对象的统治阶级。

在现代社会，建立在物的依赖关系基础上的个体本位社会以个体自由、市场竞争与等价交换等价值观作为支撑，市场经济是个体本位社会的基本经济形态。因此，在个体本位社会中，资本、技术、生产被极大程度地扭曲为人的本质和人的条件的公共性概念。资本的积聚和集中、技术的进步和生产力的发展成为现代最伟大的神话，金融寡头和跨国公司成为力量和权力的主要象征。于是，经济、技术和权力的原则成了政治的法则和规则。与此相应，文化的泛娱乐性导致越来越丧失了思维的能力，一切公众话语都日渐以娱乐的方式出现，并成为一种文化精神。乔治·奥威尔（George Orwell）在《1984》③ 中所言的思考被禁绝，在一个宣称民主的世界里渐渐不再

---

① 罗德里克·马丁著，丰子义，张宁译．权力社会学［M］．北京：三联书店，1992：105 - 106.

② 弗里德利希·奥古斯特·哈耶克著，王明毅，冯兴元译．通往奴役之路［M］．北京：中国社会科学出版社，1997.

③ 乔治·奥威尔著，董乐山译，1984［M］．上海译文出版社，2011：1.

被人们提起，在一个娱乐和欢笑的世界里，人们越来越不愿意思考，主动放弃了对公共问题发表意见的权利。这个时代，"公共领域日益缺乏的是公共问题"，而充斥着公众人物的私人生活问题。泛娱乐文化取消了个体作为公众表达意见的意愿和可能性。因此，可以说个体本位社会既是个体意识与个体自由大大增强的社会，又是个体自我迷失的社会；既是公共性渐次展现并日益强化的社会，又是非自愿公共性（即一切人的发展是个人自由发展的条件）大行其道的社会。

相反，马克思对人类未来有着美好的设想，在马克思设想的自由人联合体社会里，"代替那存在着阶级和阶级对立的资产阶级旧社会的，将是一个以各个人自由发展为一切人自由发展的条件的联合体"。① 在这个全面而自由发展的个人的联合体社会中，社会分工与阶级对立完全消失，"任何人都没有特定的活动范围，每个人都可以在任何部门内发展，社会调节着整个生产，因而使我有可能随我自己的心愿今天干这事，明天干那事，上午打猎，下午捕鱼，傍晚从事畜牧，晚饭后从事批判，但并不因此就使我成为一个猎人、渔夫、牧人或批判者"。② 这种看似随心所欲的自由人联合体社会，它在本质上是一种标志着"个人向完成的个人发展"的"更进步的个人自主活动类型"，是建立在"个人全面发展"和"共同的社会生产能力"基础上的"自由个性"，即"自由人联合体"。

2. 自由人联合体社会的公共性

如果说群体本位社会的公共性是"自我"缺失的、遮蔽的、抽象的公共性，个体本位社会的公共性是"自我"越位和错位乃至强迫的公共性，那么自由人联合体社会的公共性则是自为的、本真显

① 马克思恩格斯全集（第 3 卷）[M]. 北京：人民出版社，1972：491.
② 马克思恩格斯全集（第 3 卷）[M]. 北京：人民出版社，1972：37.

现的公共性。

第一，真实的公共性是能够为个体充分分享的公共性。只有真实的公共性，即不被公共权力攫取者或占有者过度耗费的公共资源（公共产品和公共服务），才为普通个体满足无法从市场获得的必要需求，以及发展自己的个人性提供可能和条件。真实的公共性，不仅在客观上增加了普通个体分享公共产品和公共服务的份额，还为普通个体的利益与民族、国家乃至人类的利益趋于一致开辟了道路。但在历史上，一切真实的公共性的产生和虚假的公共性的消失都是相对而言的。公共性的真实性完全取决于公民权利对于公共权力的制约程度。①

第二，真实的公共性是能够满足个体不断增长的物质和文化需求的公共性。随着生产力的不断发展，公共产品作为公共性的具体形态也会不断增长，普通个体会因此从中受益。发展生产力的首要和直接目的就是满足人民不断增长的物质和文化需求，其中满足公共产品的需求是重要的组成部分。如果生产力发展的最终结果不是增加了公共产品和公共服务的有效供给，不是提高了人民的生活水平，那么这种发展就是无益的，有时甚至是有害的。

第三，真实的公共性是能够打碎上层建筑壁垒的公共性。公共产品的生产和提供主要在上层建筑领域进行，普通个体由于被排除在决策之外，往往被动地接受指定的公共产品、公共服务的品种、数量和质量，难以满足自身的真实需求。既造成了有限的公共资源的浪费，又影响、制约了个体的生存和发展。因此，真实的公共性必须打破上层建筑的决策壁垒，由公众个体决定公共产品和公共服务生产什么，生产多少以及如何生产。

---

① 袁玉立. 公共性是历史进程的一个原则——对马克思主义历史决定论的进一步思考 [J]. 学习与探索，2006（2）.

在马克思看来，自由人联合体以前的社会共同体实质上是一种非自愿的共同体。离开了自愿和真实的基础，这种共同体难免会带有"虚幻的共同体"的特征。国家共同体作为公共权力的代表是一种典型的"虚幻的共同体"。在马克思看来，真实的、自愿的共同体只有在自由人联合体社会中才能实现，因此，这种自愿的共同体必须建立在一定理想的物质条件基础之上，也即马克思把共产主义的实现与公共性的理想目标的真实性存在联系在一起，因为共产主义联合体中的公共性建立在自愿的基点上。① 在这样的联合体中，作为自由人可以任意进入，每一个自由人借助于公共场合，去尽情地体验在私人领域无法体验到的那种感受和对象，并在这一过程中积极肯定人的"类"特征及其"能群"的本性。正是在这个意义上，可以说，公共性的存在及其属人的品格才具有确证人的"类"超越性的功能，是人对自身全面丰富的理解的一种结果。②

2.1.3 现代财政的哲学导向

公共性是财政与生俱来的本质特征，体现为财政收入的大众性、财政支出的公益性和财政管理的公开性。而现代财政作为治理型财政，治理本身也蕴含着公共性的含义。因此，公共性既是现代财政的本质特征，又是现代财政的哲学导向。

2.1.3.1 现代财政的界定

现代财政制度与公共财政相比，其基点是治理，如果说公共财政是与市场经济相适应的财政，那么现代财政制度就是治理财政，其目标是成为国家治理的基础和重要支柱。公共性是现代财政的哲学导向，规范、法治、民主与透明是现代财政制度的鲜明特色。因

①② 贾英健. 社会关系的实践基础及共同体的价值追求 [J]. 东岳论丛，2009 (31).

此，立足治理，建立现代财政制度，就要着眼于五个现代：现代理念、现代制度、现代技术、现代治理与现代人才。

第一，现代理念。现代理财理念是建立现代财政制度的行动指南，亟需将现代理财理念充分融入现代财政制度的建设实践。长期以来，我国传统财政学研究，主要从"管理"角度来构建财政管理的框架，通过既定的财政管理体制来确定国家财政不同构成环节之间的责、权、利关系。由于没有充分重视现代理财理念，导致了一系列的财政低效和财政风险。为此，建立现代财政制度的首要任务就是导入现代理财理念。一是公共风险的理念。公共风险的理念是现代财政管理的重要理念，世界银行一直用不确定性和脆弱性的理念来观察和应对世界经济形势，这里的不确定性和脆弱性就是公共风险的理念。二是公共问责的理念。公共问责是现代财政体制机制良性运行的社会纠错机制之一，公共问责还是确保公众利益得以表达的一个基本途径。它具有很强的民主性、自愿性、多样性和互动参与性。三是公民参与的理念。现代预算程序已经成为引导公众表达话语、政府恰当回应的平台和机制。以社会自治与合作网络为基础的新型社会管理体制，通过社会管理创新完成政府角色转换。通过建构"多中心"社会管理机制，发挥公民在社会管理和公共事务中的职能作用。四是公众委托的理念。委托—代理理论作为制度经济学契约理论的核心概念已经成为现代财政的基本理念。上下级政府之间，财政部门与其他职能部门之间，政府部门与政府官员之间，在这些诸多委托—代理关系中，要处理好委托与代理之间的权责利关系，要处理好激励与约束关系。五是公开透明的理念。财政公开透明是良好政府治理的必要条件。全面、及时地公布财政信息，形成社会公众与政府之间信息的互动，有利于社会公众方便地评估政府财政政策的意图，也使得市场自身对政府的行为形成纪律约束。

第二，现代制度。制度选择与制度设计，成为中国现代化发展的首要前提；而制度的有效成长，则成为中国现代化的重要保证。从大国治理战略分析，在制度层面就是要构建符合中国国情，与社会主义市场经济相适应，与国际惯例相衔接的现代制度体系。从社会变革的角度讲，现代化的过程是新旧制度体系的替代过程；而从现代化的价值取向上讲，现代化是政治生活全面制度化的过程。因此，建立现代财政制度的立足点和着眼点就在于制度重构。现代预算制度是现代国家治理的核心内容。改进预算管理制度，加快建立全面规范、公开透明的政府预算制度，主要内容就是预算编制科学完整、预算执行规范有效、预算监督公开透明，并使三者有机衔接和相互制衡。构建高效聚财与调控有力的税收制度是现代财政的核心。税制的首要目标是组织财政收入，如何高效地组织和保障财政收入是税制改革的出发点，税制改革要改变目前税收占财政总收入比重不高，非税收入占比较大，财政收入质量较低的局面，要强化税收组织财政收入的应然功能。与此同时，税制改革着眼于系统性，注重各个税种之间的功能协调和整体配合，税收法治优先，兼顾当前现实条件，构建现代税收制度。完善兼顾两重关系与两个积极性的政府间基本财政制度是现代财政的基石。财政体制事关政府与市场以及政府层级之间的双重关系，需要发挥政府与市场以及各级政府的积极性，是国家利益调整的枢纽与核心。立足于国家治理现代化，着眼于建立现代财政制度，在转变政府职能、合理界定政府与市场边界的基础上，充分考虑公共事项的受益范围、信息的复杂性和不对称性以及地方的自主性、积极性，合理划分中央地方事权和支出责任。

第三，现代技术。现代财政制度以专门的治理技术为依托。黄仁宇曾把实现数目字管理作为现代市场经济国家的标志。不同于传统财政制度下的管理，现代财政制度基于一整套专门的财政治理技术体系。随着计算机技术的普及和互联网的发展，财政管理赖以的决策信息取得途径在发生变化，取得成本在下降，财政管理的半径在缩小，因应互联网时代的需要，正成为现代财政制度建设的重要内容。财政信息化为财政管理提供了重要的基础和保证，能比较全面、及时、准确地提供财政管理决策和计划所需的信息。同时还为财政活动进行有效控制和监督提供了重要依据。财政管理决策实施是一组织实施阶段输出的信息为依据的，根据输出信息监督、检查财政活动与目标是否背离信息反馈。进而，决策部门又依据反馈信息对偏差及时采取措施进行调节、控制，从而保证财政活动的正常运行和原定目标的实现。

第四，现代治理。治理与管理的最大区别就是，管理依据确定性的规则进行，治理依据不确定的行为进行，管理是纠偏，治理是消除不确定性。建立现代财政制度的立足点是治理，应对的局面是复杂多变的，解决的问题是错综复杂的，不存在一成不变的套路和结果。首先。现代治理的机制是民主治理。国家作为复杂性的组织，决定了治理途径的多样性，决定了各相关组织和个人主动性发挥的重要性，决定了磋商和多方参与在财政治理中的重要性。其次，现代治理的形式是动态治理。面对现实和未来的复杂性和不确定性，现代财政制度能够致力于调动各方积极性，在各主体平等磋商的基础上，实现财政的动态治理。技术进步和制度变迁正深刻地改变世界，财政治理正面对人口结构、信息化、全球化等的严峻挑战。现代财政制度既要给市场和社会一个稳定的预期，又不能静止不变。财政制度必须协调稳定和变化的需求。最后，现代治理的本质是法治。国家财政权实际上是一个"权力群"，既包括立法机关的财政立法权，也包括政府及其所属各部门就财政事项所享有的决策权、执行权和监督权等，其中，重点是要加强权力机关在财政运行中的决策和监督作用。要注重完善对财政违法行为的救济。"徒法不足以自行"，财政活动必须以相应的立法、行政乃至司法方面的救济机制为基础。

第五，现代人才。人的因素是财政管理活动的首要因素、关键因素、决定性因素。干部队伍的能力状况关乎国家财税事业的发展状况。财政的行政行为说到底是财政干部的行为，财政的形象是通过每一位财政干部个人的形象来表现出来的，财政干部的政治业务素质，直接关系到财政整体形象的提升，现代治理的本质更多的是对财政干部的职业化要求，提高人的素质，通过人才的职业化实现治理现代化。因此，要真正实现治理现代化，必须培养出一大批合格的职业人才，通过人才的职业化实现治理流程的职业化、精细化、标准化。

2.1.3.2 公共性是现代财政的哲学导向

财政是国家治理的基础和重要支柱，现代财政的基本定位是治理型财政。探究作为治理型财政的现代财政的哲学导向，首先需要对"治理"一词做一番探讨。一般认为，1989年世界银行首次使用"治理危机"（crisis in governance）一词标志着"新治理"开始流行，1992年世界银行提出治理就是为了发展而在一个国家的经济与社会资源的管理中运用权力的方式。治理理论涉及政治学、公共行政学、经济学、管理学等各个学科，它是综合地运用各学科知识实现良好的治理效果。在政治学方面，治理的目标是实现民主、法治；在公共行政学方面，实现公共利益最大化；在经济学方面，实现3E（经济、效率和效益）；在管理学方面，实现有效的管理，总之，治理的目标是善治，正如俞可平总结道："善治的基本要素有以下10个：合法性、法治、透明性、责任性、回应、有效、参与、稳定、廉洁和公正"。①其实，追根溯源，治理革命肇始于20世纪70年代。

---

① 韩兆柱，翟文康. 西方公共治理前沿理论述评［J］. 甘肃行政学院学报，2016（4）.

伴随全球化、现代性、市民社会复兴，持续了半个世界的西方社会的治理革命深刻改变了政府的治理组织和结构。尽管这场革命的理论命名各不相同，从"重塑政府""治道变革""民主行政"到"治理与善治"，其实践模式也多有差异，或是强调"地方治理""分散化治理"，或是追求"效能政府再造""新公共管理"。但是，构成这场治理革命内在本质的，却是公共性价值的确立与再造。

蕴含公共性的价值取向是"治理"与"统治"和"管理"的根本区别。"治理"不仅以其治理主体的多元化、治理机构的扁平化、治理运作机制的竞争化特征与"统治"和"管理"区别开来，更重要的是，"治理"作为人类处理公共事务的活动本身就已经蕴含公共性的基本含义。国家治理是国家政权的所有者、管理者和利益相关者等多元行动者在一个国家的范围内对社会公共事务的合作管理，其目的是增进公共利益、维护公共秩序。简言之，国家治理就是规范公共权力，维护公共秩序，增进公共利益，倡导自由、平等、公正等公共价值。由此可见，"国家治理"是在扬弃"国家统治"与"国家管理"之后得出的更具公共性的范畴，它与二者的异质性在于其将增进公共利益、维护公共秩序置于首要地位，视这两个目的为国家治理能力的集中体现。即"国家治理"的独特性就在于其"公共性"的凸显而非多元性与责任性。①

从根本上看，公共性是国家治理的本质。公共性不仅贯穿于国家治理的各个环节，而且是衡量国家治理现代化水平的重要标准。公共性可称之为"民主的政治秩序的形成原理"。其本质是在西方"个体—社会—国家"框架下寻求民主秩序和社会整合的一种表达方式。卢曼（1997）认为社会整合的机制来源于法律程序制定的体

---

① 孙海洋. 论公共主义价值观与国家治理现代化——一种公共政治哲学的反思 [A]. 见：伦理与文明（第4辑）[M]. 北京：社会科学文献出版社，2016.

系所具有的正当性和唯一性，这种正当性被视为一种"公共性"。罗尔斯（2001）将"平等"与"公正"作为"公共性"的核心内容。公共性具有面向社会全体的共有性、公共议论的公开性、公益服务的社会性、基于正义公正的社会理念性等特点。重塑公共性价值观是推进国家治理体系和治理能力现代化的理性选择与必由之路。国家治理所面对的核心问题是公共领域中的公共事务问题，而公共领域中问题的实质就是公共性问题。

公共性是国家治理的价值取向和哲学导向。作为一种人类自觉的认识实践活动，国家治理蕴含着治理主体的价值认知与选择，因而总会体现或倡导一定的观念和准则，即国家治理的价值。现代化的国家治理体系包含价值、制度、组织与机制四要素。其中，价值决定了治理发展的方向、重心与次序。通过回溯分析，可以发现中西方都呈现出"国家统治（管理体系）"向"国家治理体系"转型的逻辑，其价值导向就是一条趋向"公共性"的路径。国家治理在具有公共性的同时，作为一种管理活动又必然具有"管理性"，这就意味着国家治理的价值体系既包含着公正、公平、正义、自由、民主和责任等"公共性价值"，也包含着科学、效率、效益、技术合理等"管理性"价值。而当治理主体对重视技术理性而忽视价值理性的时候，就会出现"管理性"价值侵蚀甚至吞噬"公共性"价值的情况。[①]

从现实层面看，工业化带来了国家与社会、公共领域与私人领域的分化，特别是社会构成要素的多元化、利益要求的多样化，对国家治理提出了公共性的要求。现代化使得公共领域与私人领域分离在社会各个共同体、个人的特殊利益之中抽象出统一的"公共利

[①] 张雅勤. 论国家治理体系现代化的公共性价值诉求［J］. 南京师大学报（社会科学版），2014（4）。

益"，并使其成为国家治理的基本依据。公共性作为对传统社会中"共同性"的一种替代与超越，在本质上是现代化的一项重要成果，正因为现代化打破了农业社会的混沌整体性，才造就了个体的人以及由个体的人所构成的差异性社会，才出现了不可穷尽的私人利益追求，以至于需要在差异化的和无限的私人利益要求之中去发现实现国家治理的同一性要素——公共性。当这一抽象的公共性以现实形态出现时，就是公共利益，它是国家治理的目标和依据。作为国家治理核心价值的公共性在治理制度、治理组织、治理体制、治理工具、治理方式与治理技术等种种形式中得以体现，并因形式的改进和完善而得到更加充分的实现。

具体到现代财政而言，现代财政最为本质的特征是公共性，体现为财政收入的大众性、财政支出的公益性和财政管理的公开性，这一特征是在历史演进过程中逐步获得的。财政支出的公益性是现代国家的特征，它一方面是现代社会中独立个体对福利国家的要求，另一方面也是现代税收发展的结果。从现代财政提供公共产品和服务来看，现代财政的公共性体现为共治特性。政府、市场和第三部门共同治理提供公共产品与公共服务，实现公共性。治理理论倡导公共产品和公共服务不应由政府单独全面供给，而应由政府、市场以及第三部门合作实现供给。在提供公共产品方面，政府必须明确区别"政府提供"和"政府生产"，政府应该不再直接大量地承担公共产品的生产，应该更少地"划桨"、更多地"掌舵"。政府应该组织市场去生产和提供公共产品，并将主要精力集中在保障市场生产和提供公共产品的规则制定和实施上，创造有利于市场发展和完善的制度环境。第三部门作为市民社会非营利性的组织载体，积极协调公共产品的生产和供给。治理理论强调通过政府、市场和第三部门等社会多元主体之间的互动所形成的合作网络来处理社会公共事务，解决社会公共问题，提供公共服务。①

2.2 财政公共性的缘起

财政与国家之间具有密切的内在联系。国家是财政的逻辑与历史起点，财政是国家存在的经济体现。财政的公共性起源于国家的公共性，国家的实质是为保证公共需要的有效实现而渐渐形成的脱离社会公众的公共权力。财政的公共性就是保证国家这一公共权力的有效运行及公共需要的高效供给而体现出来的内在属性。

2.2.1 国家的公共性

国家公共性问题其实就是国家合法性问题。亚里士多德认为，"一种政体若想长期维持下去，那么城邦的所有部分都应该愿意看到其存在和维持""对于一切城邦或政体都相同的一条普遍原则，即城邦的各个部分维持现行政体的愿望必须强于废弃这一政体的愿望"。② 在这里，他已触及了国家合法性的内核——同意与支持——而这又来自国家公共性的充分实现。

2.2.1.1 国家起源的公共性

人类对国家起源问题的思考可以追溯到两千年前的古希腊时期。古希腊哲学家曾主张"本能说"，即认为国家是人类本能的"产物"；中世纪有"辩神论"和"君权神授说"，即所谓的"一切权力来自上帝"；近代出现了"社会契约论"，主张国家是个人为了达到特定的目的而自愿建立的社会组织。此后还有以黑格尔为代表的

---

① 高进，李兆友. 治理视阈中的公共性 [J]. 东北大学学报（社会科学版），2011（9）.

② 亚里士多德著，颜一，秦典华译. 政治学 [M]. 北京：中国人民大学出版社，2003.

"理念论"，认为"国家是地上的精神"，是"世界精神"的化身。①
恩格斯的《家庭、私有制和国家的起源》中提出了古希腊、罗马及
日耳曼国家形成的路径（具备"公共权力"与"地域组织"两个条
件），恩格斯的有关国家形成的理论无疑是正确的。中国早期国家产
生的路径与古希腊、罗马有所不同。对此，恩格斯在《家庭、私有
制和国家的起源》中虽未提及，但在他的另一篇重要文章《反杜林
论》中却有着精辟的论述。这篇文章是从古代共同体中统治与奴役
关系发生的角度研究这个问题的。恩格斯认为，在许多民族的原始
农业公社中，天然地存在着一定的共同利益，公社为了维护共同利
益必须设立各种职位并赋予承担这些职位的人员某种全权，"这就是
国家权力的萌芽"。恩格斯进一步论述道，由于生产力的提高和人口
密度增大等原因，各个公社之间出现了不同的利益格局，这时，为
了保护整体的共同利益和反对相抵触的利益，规模较小的公社便集
合为更大的整体并建立了新的机构。"这些机构，作为整个集体的共
同利益的代表，在对每个单个的公社的关系上已经处于特别的、在
一定情况下甚至是对立的地位，它们很快就变为更加独立的了。"②
随后，公社集合体的代表开始在更大的范围内追求更为集中的权力，
社会职位的世袭制出现了，因而逐渐促使他们由最初的"社会公
仆"演变为"社会的主人"，并最终集结成一个统治阶级。由于这
种统治与奴役关系的建立，"于是就出现了国家"。③

夏代国家的形成，与恩格斯《反杜林论》论述的路径十分相
似。史载夏统治者权力的获得，首先与夏后氏首领鲧、禹在以尧、
舜为首的部落联合体担任公职相关，即与他们受联合体各部酋长共

① 徐建新. 多学科视野下的国家起源研究［J］. 中国社会科学院院报，2006（3）.
② 马克思恩格斯选集（第3卷）［M］. 北京：人民出版社，1972：218 - 219.
③ 马克思恩格斯选集（第4卷）［M］. 北京：人民出版社，1972：482.

同推举所从事的治水工作相关。尧舜时代，居住在古河济地区的广大部族一直受到洪水的严重威胁，治水是一项关系到联合体生死存亡的公共事业。起初，负责的治水工作的鲧、禹实属"公仆"的角色，文献如《墨子》《韩非子》都曾赞誉大禹在"公仆"任上尽心尽职。然而，由于治水工作的长期性和艰巨性，必须把各个氏族部落组织起来，集中各部族的人力和物力进行统一调配，在此过程中，作为"公仆"的鲧、禹在行使自己职权的同时自然会对各氏族部落产生很大影响，有时也存在强制干预，长此以往，势必使原本松散而缺乏约束力的部落联合体机构发生权力集中的倾向，使之逐渐凌驾于众部族之上，而禹则在长期担任这一要害公职中树立了自己及其家族的权威，禅让制为世袭制所取代，有崇氏（后改称夏后氏）的首领继任为部族联合体的首领，最终演变为君临众族邦之上的夏代国家的国王，也就是天下的"主人"。《国语·周语》记录了这一演变过程：由于禹治水成功，"皇天嘉之，祚以天下，赐姓曰姒，氏曰有夏，谓其能以嘉祉殷富生物也"。这是将大禹治水与夏朝国家的建立联系在一起的明确表述。恩格斯有关早期国家产生的论述即谈到了部落联合体中公职人员在由"社会公仆"到"社会主人"转变过程中"社会职位的世袭"这一重要社会现象。

从中国早期国家形成的过程来看，国家起源于社会管理职能强化的需要，具有浓厚的公共性色彩，其中尽管有阶级分化的影子，但是社会管理职能强化是中国早期国家形成的主因。据《尚书·尧典》记载，尧的时候就曾"允厘百工，庶绩咸熙"。舜时又正式任命了司空、司徒、士、工、秩宗、典乐、纳言等职官，这表明尧舜时已经重视设官分职，行使国家管理职能。至禹的时候，"东渐于海，西被于流沙；朔南暨声教"（《尚书·禹贡》）。如果没有庞大而系统的管理机构，幅员要达到这种局面是不可想象的。从古史记载中可以看出，尧舜禹时期的社会管理职能已表现得十分突出，但却很少发现有不可调和的阶级矛盾的影子。可以说，中国早期国家是在一定社会发展阶段上形成的建立在众邦之上的社会权力组织。进一步分析发现，中国早期国家的两种社会职能是认识的出发点。在中国早期国家形态中，以占卜祭祀为主要内容的神权占有重要位置。早期国家形态下的神道设教，作为国家权力的一种体现，虽然有为统治者服务的方面，但更多地表现为对于广大民众的一种人文关怀，这与中国早期国家的原始公共性有相通之处。"礼"是另一个十分重要的内容。龙山文化遗址中曾发现不少礼器，礼器出现表明当时的社会上"礼"已经为人所重视而普遍实行。上古时代的"礼"，以人鬼与天神之祭为大宗，这些"礼"已经包含了许多方面的社会政治内容。《礼记·礼器》篇载："昔先王尚有德，尊有道，任有能，举贤而置之，聚众而誓之"。意谓"圣人"能够联合团结各方面的人进行各种礼仪，所以才能使天下大治。可见，早期国家中凌驾于全社会之上的公共权力，除了以阶层和阶级分化为社会基础外，它同时还是借助于一系列社会公共性极强的事物发展起来的，这些事物包括举行全社会范围的庞大的祭祀活动和宗教礼仪、进行战争防御和扩张、兴建种种社会工程，等等。这些都是早期国家得以形成的现实基础，这也从一个侧面表明了国家源起的公共属性。

大卫·休谟（David Hume）关于国家起源的问题有过精辟的论述：假若每个人随时都有充分的远见卓识，都有促使他保证奉行公正与公平的强有力的爱好，都有足以坚持不懈地信奉普遍利益和未来利益原则的思维能力，抗拒眼前的快乐和利益之诱惑，那么，在这种情形中，就永远不会存在政府或政治社团这类的东西；而且，每个人受其天赋自由的引导，早就生活在完整的和平之中，彼此和睦相处。① 这段话表明，在休谟的潜意识里承认国家起源的公共属性。

2.2.1.2 国家公共性的含义

权力是政治社会的基石，是理解一切政治现象的基础。就如霍布斯所言，"契约，没有刀剑，就是一纸空文"。② 国家权力乃是国家凭借其所能控制和支配的公共资源，单方面确认和改变社会关系、控制和支配公民、法人或者其他社会组织的财产或人身的能量和能力。权力以公共资源和价值（包括人口、土地、森林、矿藏、河流、海洋、资金、物品、机会、信息、自由、平等、秩序和安全等）为基础。公共资源和价值既是权力的对象，又是权力的载体，同时也是衡量权力大小的标尺。权力的一个运行机制，就是凭借它所控制的这一部分资源和价值去控制、支配另一部分资源和价值。③ 就其起源来讲，它是公众为了更好地保障和增进自身利益而以明示或默认方式转让一部分自身权利而凝聚成的，它无疑是一种公共产品。权力的这种公共性决定了权力的设定与行使必须以保障和增进社会公益为目标，不得以权力设定者和行使者的私利为目标。可以说，权力的公共资源基础和公益目的，这是国家权力合法性的表现。人们在社会分工与合作过程中需要安全、秩序与效率，通过明示与默认等方式转让一部分自身权利，才凝聚成了国家权力，产生了执行国家权力的国家机构。④

国家权力的公共性具体表现在以下几个方面：一是在非社会领域，自然或生态系统的秩序及自然要素的固有价值遭到人为的破坏，因此，必须有一种公共性的权力去抑制这种行为，以维护自然体系

---

① 蒋雅文. 国家理论的争论与发展 [J]. 天府新论，2004（5）.

② 霍布斯著，黎思复，黎廷弼译. 利维坦 [M]. 北京：商务印书馆，1997.

③④ 胡平仁. 法理学视野中的权力 [EB/OL]. http://www.dffy.com/faxuejieti/zh/200311/20031119080842.htm.

的秩序和固有价值。二是在社会领域，人的存在和发展必然要借助一定的外在资源和客观条件，如信息、资源、能量、权利等。那些为某些个人所直接占有和控制的条件和资源，我们称之为个体性。由于人本质上是社会动物，是以"类"的方式存在着的，那么就必然要与其他个人发生这样或那样的关系。只有通过这些相互交往的关系和实践，人的个体性才能真正实现。我们把那些代表和体现个体性的公共要素，如公共意志、公共情感、公共行动、公共价值等，称之为"公共性"。因此，对"公共性"的维护和澄清是公共权力合法性的来源，是社会建设和社会管理的目标和归宿。三是在公共领域，公共产品具有私人产品之于社会、社群、人类无法替代的价值，然而，"公地悲剧"法则表明公共产品易于受损、受害，为此，也须有一种公共权力去维护公共产品的完整性、有效性和公共性。四是在私人领域，私有或个性化可能意味着侵权、伤害的不可避免性。善意或后果轻微的伤害通常引发救济问题，然而恶意或后果严重的伤害必将破坏社会秩序，也必然会导致救济的需求。而公共权力恰是这样一种足以救济权力损害的力量，公共权力的公共性来自每个人对它的救济的期待。另外，在现代社会，随着科技的进步，原有的公共产品（比如免费的电视节目变为收费等）转变为私人产品。而在此转变过程中，传统惯用的先占、继承、劳务报酬等方式不足规范这种转变的复杂性、多样性和合理性，它必须经过制度的创制和程序的正义，合法才能实现。[①] 由此看来，在应然意义上，国家及其一切活动皆不过是其公共性的展示。

从现实性来看，国家公共权力在调控与管理方面具有明显的独特优势：对暴力行使进行垄断具有规模优势，可以提高制裁和仲裁的效力，减少潜在的冲突，节省大量的社会资源；由政府制定

---

① 苗波，江山．水之权力与权利［J］．水利发展研究，2004（2）．

统一的法律规范、度量衡制度、语言文字规范，可以降低交易成本，大大提高生产生活的方便程度。另外，国家在公共物品供给方面具有效率优势，公共物品由政府出面供给，公共事务由国家、运用国家强制手段向每个受益者统一收费，可以较好地避免供给不足问题。

2.2.1.3　国家公共性的演进

对于希腊古典哲学来说，政治本是"公共事物"（res publica）。对于现代社会来说，国家垄断政治被视为基本的"社会—历史"事实，现代人必须向国家乞讨一点公共参与的机会和空间。国家垄断所有政治的可能性领域被现代人接受为历史的宿命。① 其实，考察国家公共性的演进历史不难发现：公共性是国家的缘起属性，公共性是国家的应然品质，公共性也是国家的必然归宿。

国家的公共性指国家包括其内在要件（公共权力）和外显成分（公共职位），都是属于社会公众的。公共性通过国家权力的属性、公共职位向社会开放的程度等表现出来，并直接与国家的起源、本质与属性联系在一起。② 国家的权力来自全体公民的权力让渡，天然为本辖域全体公民所拥有，这一点可以得到现代国家理念的验证，但人类认识到这一点却经历了漫长的探索。与诸多政治思想的起源一样，国家（政府）公共性理论也是发端于古希腊的柏拉图和亚里士多德，到卢梭则取得了实质性的进展。卢梭从社会契约论出发得出人民主权论的重要结论。从此，人民主权论成为国家（政府）公共性的理论基础；人民主权论的出现，使国家（政府）公共性建立在科学的基础之上。从这个意义上说，从启蒙运动起，国家（政

---

① 张旭. 现代公共政策理论与古典公共性观念 [EB/OL]. http：//www. zhongguosixiang. com/thread－2676－1－3. html.

② 王振海. 政府公共性的历史演进 [J]. 中共福建省委党校学报，2002（10）.

府）公共性才成为一个科学的概念。

在应然意义上，一切权力都是公共权力。尽管权力存在、适用的范围不同，但它在自己所适用的范围内都是公共的。即权力作为一种组织起来的力量，在其组织范围内是归属于整个组织的，组织内的每一个成员都有权分享这种权力。所以，权力以服务和服从于整个组织的整体利益为天职，在组织成员之间的利益发生冲突的情况下，它应当在冲突中发现并维护其背后所包含的那些具有公共性的东西。①

马克思恩格斯指出："现代的国家政权只不过是管理整个资产阶级共同事务的委员会罢了"。② 这一著名论断不仅揭示了资产阶级国家的本质，而且表明共同事务的管理是资产阶级国家的主要特征。因此，国家（政府）的公共性的主要表现在于，它是"整个社会的正式代表"。③ 恩格斯在《反杜林论》中进一步指出："一切政治权力起先总是以某种经济的、社会的职能为基础的"④ "政治统治只有在它执行了它的这种社会职能时才能持续下去"。⑤ 他还指出，不管在波斯和印度兴起和衰落的专制政府有多少，它们首先都是"河谷灌溉的总的经营者"⑥这些论断表明，马克思主义理论作为具有鲜明阶级性的革命理论，也从来没有忽视政治统治的公共性基础，相反，而是把公共性提到了政治统治得以维持的基础的高度来认识和对待。恩格斯在分析了雅典国家产生的过程之后认为："国家的本质特征，是和人民大众分离的公共权力"。⑦ 结合统治阶级借助无偿占有的社会剩余产品和暴力窃取社会公职的史实，这句话告诉我们，国

① 张康之．论公共权力的道德制约［J］．云南行政学院学报，1999（5）.
② 马克思恩格斯全集（第4卷）［M］．北京：人民出版社，1974：468.
③④ 马克思恩格斯选集（第3卷）［M］．北京：人民出版社，1972：320，222.
⑤⑥ 马克思恩格斯选集（第1卷）［M］．北京：人民出版社，1972：253，219.
⑦ 马克思恩格斯选集（第4卷）［M］．北京：人民出版社，1972：114.

家原本体现的是公共权力，而现实中的国家不过是被统治阶级将其异化为居于"社会之上""社会之外"，与人民大众相脱离的力量而已。

对于这种应然与实然的矛盾，政治社会早期的统治者也心知肚明。所以，在世界各国的专制统治阶段，我们不难发现统治者在维护权力方面所采取的方略：在实践上勉为其难地顾及一些公共利益，以期公众对阶级统治的接受或认可；在理论上则极力淡化和抹杀权力的公共性，虚构出权力神授的神话，以此增强权力作为一种神秘力量的神圣性以及权力凌驾于公众之上、压迫和支配公众的合理性。到了近代社会，当启蒙思想家揭开了权力的神秘面纱之后，独裁者对权力公共性的顾忌与掩饰往往是欲盖弥彰。因而，关于权力问题上的应然与实然之间的矛盾对立成了独裁者与人民大众斗争的焦点。也因此发出了对专制权力的制约以及恢复权力公共性本色的强烈呼声。比如，近代社会关于法治建设的执着追求、关于权力制衡的制度设计、关于民主制度的大声呼唤，以及对公民参与的高度重视等，都是出于维护权力公共性的考量。至此，国家（政府）的公共性作为已经解决了的、本然的问题而广为世人接受。

2.2.2　财政的公共性

"公共性"是一种以公共利益为基础的社会建构。财政是公共利益的枢纽与核心，财政天然具有公共性。财政公共性具有公共指向性（公共目的），时空差异性（依时代和国别而差异），层次多样性等特征。财政公共性具有广泛影响性、不可排除性、不可逃避性，体现为资金取之于民，用之于民。财政公共性涉及的内容从安全秩序、公共生产条件到政治文化权利，财政公共性涉及的内容与时俱进而不断拓展和深化。

2.2.2.1　国家与财政

财政，顾名思义，财与政二者紧密相连，不可分割。从国家对财政的作用来看，国家是财政产生与存在的充要条件。国家产生后，由于国家本身不进行生产，为了维持其自身的存在和运转，必须汲取一部分国民收入来满足自己的需要。国家的非生产性决定了它不能通过市场方式按照等价交换的原则来获取它所需要的社会产品，它所拥有并能加以运用的，只有强制性政治权力。国家凭借强制性的政治权力参与社会产品的分配即是税收，税收就是财政收入的主要形式。同时，国家机器运转与职能发挥必然要消耗社会产品，这一过程在财政上的体现就是财政支出。可见，国家是财政存在的充要条件。国家存在，财政就能够存在；国家存在，财政就必然存在。可以说，财政是国家内生的一种东西。马克思指出："在我们面前有两种权力：一种是财产权力，也就是所有者的权力，另一种是政治权力，即国家的权力。"[①] 政治权力为国家所独有，其主体就是国家。"赋税是官僚、军队、教士和宫廷的生活源泉，一句话，它是行政权力整个机构的生活源泉……强有力的政府和繁重的赋税是同一个概念。"[②] "捐税体现着表现在经济上的国家存在"[③]。从马克思这些论述中可以清楚地看到，财政是国家存在的经济体现。

财政是对政府收支活动及其影响的高度概括，而预算是其核心内容。各种政治冲突最后都会反映到预算过程中，即预算过程中的各种冲突实质上都是政治冲突。在政治和政策决策过程中，无论自己的目标是什么，预算都是一个政治工具。在很大程度上，预算过程可以看成是政治过程的核心。列宁认为：任何社会制度，只有在一定阶级的财政支持下才会产生。高希德（Goldscheid）指出，"每

---

① 马克思恩格斯选集（第1卷）[M]. 北京：人民出版社，1972：170.
② 马克思恩格斯选集（第1卷）[M]. 北京：人民出版社，1972：697.
③ 马克思恩格斯选集（第1卷）[M]. 北京：人民出版社，1972：181.

个社会问题，实际上还有每个经济问题，说到底都是财政问题"。①
熊彼特在《租税国家的危机》中指出，社会的转折总是包含着原有
的财政政策的危机。因此，研究财政历史能够洞悉社会存在和变化
的规律，洞悉国家命运的推动力量。财政上的变化是一切变化的重
要原因之一，反之，所有的变化都会在财政上有所反映。综览古今
历史不难发现，"光武中兴""贞观之治""康乾盛世"等，莫不是
"库府充盈，积粮满囤"；反之，一个朝代出现"帑藏日竭，囤无粮
米"现象，那么，这个朝代距离灭亡也就不远了。财政状况的好坏
既是一个政权兴衰的反映，又直接决定了一个政权的兴衰。无财难
以行政。对此，中国财政工作者有句很形象的说法："手中无米，唤
鸡不来"。从现实来看，现代国家的根基不再是"主权论"，而是
"公共服务论"国家就是政府为着公共利益进行的公共服务的总和。
公共利益是现代国家合法性的基础，现代财政是公共利益分配的
枢纽。

2.2.2.2 财政的公共性

财政天然具有公共性。追根溯源，与国家诞生之前的公共权力
相适应的是处于萌芽状态的财政，可称之为原始萌芽财政。自公共
权力出现之日起，满足公共需要就成了公共权力合理性存在的基础。
彼时的公共需要不仅是组织生产与分配，而且日渐包括诸如制止损
害公共利益的行为等内部矛盾的调节，解决外部冲突与战争，建造
议事和祭祀的活动场所，以及建设必要的生产设施等新的需要。这
一方面，需要耗费一定的人力物力资源；另一方面，它需要社会成
员共同商议决定资源的配置，这也就是最初的类似财政活动，即原
始萌芽财政。原始的、处于胚芽中的财政天然具有财政的最基本属

---

① 丹尼尔·贝尔著，赵一凡，蒲隆，任晓晋译. 资本主义文化矛盾 [M]. 北京：生
活·读书·新知三联书店，1989：287.

性，即财政的公共性。从目的上看，财政天然就是为了满足公共需要而存在的，没有公共需要财政既无由产生，也无须存在，财政就是在满足公共需要的实践中产生并不断发展。从活动范围来看，为满足公共需要而占用劳动产品，以公共权力和配置资源的活动贯穿于共同体简单的社会生产、生活的全过程，财政其时处于生成、逐步独立的过程。从制度上看，彼时社会政治生活的组织方式是原始的民主制度，"公共"意识支配着共同体的行为，全体成员共同享有公共权力，氏族和部落首领尽管是公众意志的集中者，然而，仍然作为共同体平等的一员，必须接受社会成员的监督。

国家的产生使公共权力表现为政治权力，国家取代原始共同体而成为财政主体。在此过程中，原始财政逐步打上了阶级的烙印，财政的阶级化与国家的产生相伴相随。国家产生以后，王权成为政治权力的表现形式。王权是国家财富的最终所有者，王权凌驾于一切法律之上，是一切大事的最后裁决权，而且不受监督和约制，是专制权力。王权取代原始的民主制度成为财政的依据，原始萌芽财政最终演变成为家计财政。家计财政是国家产生进入奴隶制、封建制社会的财政制度，是与专制政体相适应的。家计财政与原始萌芽财政相比，权力及操纵权力的主体性质发生了变化，原来共同体成员公共决策，是直接民主权利决定资源配置；现在是王权的政治统治者说了算，由其决定资源配置。此时，赋税的征收、徭役的摊派，根本不需要纳税人、被摊派者的同意，至于赋税、徭役的用途就更不受监督了。除此之外，官府对个人任意掳掠，官吏们敲诈勒索，巧取豪夺，恣意而为，家计与国计混为一谈。这就是专制财政的典型表现。此时，国家管理公共事务的职能总是被置于政治统治之下，社会职能的执行取决于政治统治。财政满足社会需要的功能大大降低，而且，财政满足社会公共需要的功能，退让于满足统治者个人需要的功能之后，而居于次要地位。然而，专制性的家计财政，其公共性中满足公共需要的一面并未因此而被消灭或消失，也无法消灭或消失。因为统治者的政治统治只有执行了它的社会职能时才能继续下去。当社会必需的或者说是最低限度的公共需要不能得到满足的时候，阶级统治也就难以为继了。这表明财政的公共性不可能完全扼杀，财政的公共性有自己的天然底线。

对现代财政诞生之前财政公共性的历史考析，可以看出财政的公共性是与生俱来的，这种公共特性是现代财政产生、发展的逻辑起点与历史前提。

2.3　现代财政的历史考析

对现代财政的历史进行分析是考察现代财政公共性的必要途径。私人财产权与市场经济相互作用而共同登上历史舞台，是现代财政产生的历史前提。家计财政向国家财政的转变是现代财政产生的逻辑起点，民主参与是国家财政适应市场经济的必然结果，这一结果导致了现代财政的孕育与产生，现代财政孕育、产生与完善的过程就是与市场经济契合互动的过程，在此过程中现代财政打上了鲜明的市场经济的烙印。

2.3.1　现代财政的历史分析

现代财政的本质是公共性，体现为财政收入的税收化、财政支出的公益化和财政管理的公开化，这些特征是经过长期的历史演进逐步形成的。从财政收入看，由家计为主到税收为主；从财政支出看，由保障君主到利益大众；从财政管理看，由家政私事到公共预算。现代财政形成的标志就是由税收国家到预算国家的转型。

1. 私人财产权利的确立

财产是一个古老的概念，在英文中它既指财产权的物质形态和非物质形态的客体，又指所有权。① 私人财产权利是指属于家庭或个人而非社会的财产权利。私有财产不可侵犯原则是通过政治理论、法律（宪法）规定和制度而体现出来的近代资本主义的根本原则。它是在反抗封建王权对私人财产的侵犯过程中确立起来的，其核心是个人财产权利相对于其他个人和社会、国家、政府等的不可侵犯性。私人财产权利是一个完整的体系，包括绝对私人所有权、私有财产神圣不可侵犯原则和行使私人财产权利的自由三位一体。可以说，它是近代资本主义的灵魂。②

私人财产权利的确立与个人主义的兴起密切相关。《简明不列颠百科全书》对个人主义的解释是："一种政治和社会哲学，高度重视个人自由，广泛强调自我支配、自我控制、不受外来约束的个人和自我。创造这个词的法国政治评论家亚历克西·德·托克维尔把它形容为一种温和的利己主义，它使人们仅仅关心自己家庭和朋友的小圈子。……个人主义价值体系可以表述为以下三种主张：一是一切价值以个人为中心；二是个人本身就是目的，具有最高价值，社会只是达到个人目的的手段；三是一切人在道义上是平等的。"③以上三种主张可以概括为：任何人都不应被当作另一个人获得幸福的工具。个人主义理论认为，对个人来说，最大限度的自由和责任去选择他的目标和达到目标的手段是最符合其利益的。这种个人主义在近代西方最集中、最根本的表现，就是资本主义的绝对私人所有权、私人财产神圣不可侵犯原则、行使私人财产权利的自由三位一体的私人财产权利体系。这一体系是近代西方资本主义个人自由的基础，是经济与政治的交点，是个人权利与社会权利的结合处，

---

① 霍鲁威尔. 财产和社会关系（*Property and Social Relations*），伦敦，1982：1-9.
②③ 赵文洪. 私人财产权利体系的发展 [M]. 北京：中国科学出版社，1998：23-31，32-34.

是整个近代资本主义大厦的基石。

近代土地私人所有权最早出现于英国。17 世纪英国革命以若干法令最终彻底废除了骑士领有制，从而为土地的绝对私有扫除了最后障碍。17 ~ 19 世纪初英国的圈地运动，最后消灭了公地制度，村民的份地使用权变成了私人所有权。随后，绝对私人所有权在法律上得到确认。私人财产神圣不可侵犯原则分别在英国、法国的宪法上予以确立。法国《人权宣言》第一次明确宣告，财产是神圣不可侵犯的。《法国民法典》则以民法的形式重申了这一原则。中世纪晚期和近代，对行使私人财产权利的自由的限制逐步废除，包括国家垄断和国家干预等。私人财产权利的确立具有无可辩驳的进步意义。

2. 私人财产权与国王征税权的博弈

回顾历史不难发现，私人财产权利的确立经过了一段艰难曲折的历程。在中世纪西欧典型的封建制度下，历来不承认上述三位一体的私人财产权利体系。封臣封土制度将土地的终极所有权归于王位或王权，不承认贵族和其他自由人的土地所有权；公地制度排斥对未开发土地的私人所有权和村民对份地的使用权向所有权转变；行会制度在行业选择、从业预备和业务经营几个方面限制了行使私人财产权利的自由；以神学观念为主的意识形态鄙视私有财产；封建王权以未经同意就向臣民征税和其他非法勒索行径侵犯私人财产权利。以上种种制度、观念和行为是根深蒂固的，这些枷锁的打破是经过长期的反复斗争和博弈的结果。先是封臣封土制度的崩溃使对土地的权利卸除了军事政治职能，从而摆脱了种种限制；随后对公地制度的形形色色的侵蚀以及自 14 世纪以降的圈地运动，使公地制度大为衰落；城市的兴起和在政治上的独立，使很多不自由的人获得了对自身劳动力的所有权，行会制度逐渐没落。但是，针对王权对私人财产权利侵犯的斗争则经过了长期反复的历程。

以英国为例，臣民反对王权侵犯私人财产权利的斗争是以议会为阵地和手段的。国王依靠自己的收入生活，这是直到都铎时代英国社会的一条重要封建原则。自诺曼征服（1066年法国诺曼底公爵威廉对英格兰的入侵和征服）后不久，英国的经济开始快速发展，耕地面积不断扩大，纺织业遍布各地，城市快速增加。社会财富的大量增加对国王来说是个不能放过的机会，自亨利一世（Henry I）以后，国王们就千方百计地与民争利了；亨利二世（Henry II）对外战争连绵不断。与战争相伴的就是名目繁多的苛捐杂税，为了便于征税，早在亨利一世时就创立国库，它既是财政中心，又是司法中心，其司法地位甚至比王室枢密院更高。以后的国王创设了一系列新的税收形式，比如免役捐、动产税、土地税、继承捐、罚金、捐献等。到了查理、约翰时期，国王的勒索更是达到登峰造极的地步。免役捐、辅助金和对城市及王室领地的任意税几乎年年征收。同时，还大批卖官鬻爵，任意撤换郡长高价出售空缺。对国王横征暴敛与大肆勒索的不满与抵制一直存在。早在亨利一世加冕时颁布的《自由宪章》（Charter of Liberty of Henry I）即《大宪章》的前身，就成为贵族们反抗国王的武器。1207年，英王约翰拟征动产税，首次引起非个人的主教阶层性抗议。1214年，贵族们开始全国性有组织的武装反抗，从而导致《大宪章》的产生。《大宪章》限制了国王非法侵夺封臣和自由人的私人财产，是一份针对王权侵犯而捍卫私有财产的历史性文件，它第一次用宪法的形式表述了私有财产不可侵犯的原则，在英国财政史上具有极其重要的地位。

即使在《大宪章》之后，英王的权力扩张欲望仍很冲动，随着经济的发展，王权的膨胀有了物质基础，王权与臣民的财产关系中非法征取与勒索时有发生。

3. 私人财产权是现代财政的基础

马克思鲜明地指出经济关系的法律用语就是财产权关系。财产权是公民获得自由的必要前提。有了财产权，每个人才可以按照自己的意愿自由地与他人进行交换，进而才催生了市场、获得了与人自由平等对话的条件。个体间的财产交换凭的是互惠和互利，拒绝的是强迫和专横，要求的是尊重和权利的承认，由此带来的是民主与社会的和谐、繁荣。① 康德认为，确认财产权是划定一个保护我们免于压迫的私人领域的第一步。② 自由人格以经济独立自主为基础，私有财产制度维护了个人的自由和尊严，是个人自由的基本要素。卢梭认为，财产权的确是所有公民权中最神圣的权利，它在某些方面，甚至比自由更重要。③ 人类两百多年的史表明，财产权是一切政治权利的先导、人权的保障、市场经济的核心以及社会经济繁荣的动力。对私有财产的保护，堪称孕育人类物质文明、精神文明和政治文明的温床。④ 英国历史上两个最早的宪法性文件——1215 年的《大宪章》和 1628 年的《权利请愿书》，其中许多条文都与保护财产有关。从本质上说，财产权是一种对所有人之外的组织和个人的限制和约束，是一种排他性的独占，从这一意义上说，没有财产权就没有法治。因而，私有财产权的存在客观上限制了政府的权力，是抵制政府权力扩张的坚固屏障，进而为追求法治的真谛——建立"有限政府"——开辟了道路。没有财产权的依托，民主无从扎根，也就没有法治。18 世纪中叶英国首相威廉·皮特（William peter）有句名言：风能进，雨能进，国王不能进，即穷人的房子即使破得

---

① 隋洪明：我国宪法保护公民私有财产权的价值意义［EB/OL］. http：// www. sdipsl. edu. cn/jjmyfxy/Article_Show. asp？ ArticleID.

② 弗里德利希·冯·哈耶克著，邓正来译. 自由秩序原理［M］. 北京：三联书店，1997：171.

③ E·博登海默著，邓正来译. 法理学、法律哲学与法律方法［M］. 北京：中国政法大学出版社，1999：106.

④ 钱玉林. 私有财产保护：从宪法理念到制度架构［J］. 扬州大学学报（人文社会科学版），2004（7）.

通风漏雨，不经允许任何人不得侵犯，纵使是有千军万马的国王也不能跨入破损了门槛的房子。德国历史上磨坊主状告德国皇帝的例子也足以说明私人财产权的神圣不可侵犯性。公民的财产权是限制国家权力的必要屏障，它防范了国家对公民财产权的侵害和剥夺，使公民免受政治权力的侵犯。因此，一个国家只有建立在严格保护私有财产权的基础上，才有可能建立真正意义上的现代财政。

4. 现代财政的孕育与诞生

西欧中世纪尚不存在现代财政及其相应制度。历史学家汤普逊认为，"正确地说，在封建的盛世，公共征税是不存在的。甚至国王也是'依靠自己的收入而生活'，也就是说，他们是依靠王室庄园的收入，而不是依靠赋税的进款的"①。因此，此时封建国家的财政是典型的家计财政。随着商品经济的发展，市场经济的孕育，社会经济活动大大增加，交易活动日益频繁，导致对社会秩序与安全、保护契约、提供法律法规服务等要求增加，这些公共需求都是商品市场自身难以解决的，必须由国家出面才能解决。国家职能的拓展必然导致财政开支的增加，然而，近代西欧的民族国家由于是从中世纪的王朝国家演化而来的，王朝国家的国王不可能仅仅依靠自己领地的财政收入来为整个国家提供公共服务，民族国家政府活动的增加需要征税或者大幅度提高税收，这是因为"公共事务几乎没有一项不是产生于捐税，或导致捐税"②。事实上，现代民族国家的政府活动是无法摆脱其对税收的依赖性，并最终依赖于税收。即"为了维持这种公共权力，就需要公民缴纳费用——捐税。捐税是以前氏族社会完全没有的。但是现在我们却十分熟悉它了"③。正像马克

---

①　汤普逊著，耿淡如译．中世纪经济社会史（下册）［M］．北京：商务印书馆，1963：391－392.

②　托克维尔，冯棠译．旧制度与大革命［M］．北京：商务印书馆，1992：127.

③　马克思恩格斯选集（第4卷）［M］．北京：人民出版社，1972：167.

思所指出的："赋税是官僚、军队、教士和宫廷的生活源泉，一句话，它是行政权力整个机构的生活源泉。强有力的政府和繁重的赋税是同一个概念。"① 民族国家的财政完全依赖于税收，国家力量完全依赖于其动员社会资源的能力，这就必然要增加统治者与被统治之间的相互联系和相互依赖。"在中世纪社会中，赋税是新生的资产阶级社会和占统治地位的封建国家之间的唯一联系。由于这一联系，国家不得不对资产阶级社会作出让步，估计到它的成长，适应它的需要"。② 又由于战事频繁而导致国库空虚，国王也必须要向臣民征税来获得财力支持。至此，西欧封建国家的财政由主要依靠王室庄园收入转变到主要依靠税收，完成了由家计财政向国家财政的转变，但此时的财政仍然称不上现代财政。

与此同时，私人财产权也在伴随着商品市场经济的孕育发展而逐步确立。家计财政向国家财政的转变过程，既是封建国家对税收依赖的形成及依赖程度不断加深的过程，又是贵族、商人、自由民与国王之间就私人财产权与征收权反复斗争的过程。私人财产权确立的过程尽管面对封建社会的重重枷锁，但由于它是建立在商品市场经济坚实的基础上而具有历史的生命力，因而得以冲破重重封建枷锁逐步确立起来。私人财产权的确立对现代财政的产生具有基础性的意义，从根本上说，离开了私人财产权就不会发生与国王的征税权的反复博弈，现代财政也就无从谈起。

国家税收依赖关系的形成，私人财产权的确立，矛盾的两个方面伴随着商品市场经济的孕育与发展而隆重登场了。自此，两者之间展开了反复的斗争与博弈。一方面，国家有扩张权力的冲动，有支付战争费用的实际需求；另一方面，私人有保护财产权的权力，

---

① 马克思恩格斯全集（第 8 卷）[M].北京：人民出版社，1961：221.
② 马克思恩格斯全集（第 6 卷）[M].北京：人民出版社，1961：303 – 304.

有抗拒国家掠夺的强烈意识。从英国的历史来看, 有时斗争的激烈程度甚至到了国王与贵族、商人、自由民之间发生战争的地步。历史的事实是国王战败而被迫接受把征税权让渡给议会, 即由贵族、商人与自由民的代表组成的议会来决定国家开征何种税收、如何征收等。到理查一世时代 "不得人民同意则不课税" 的原则已略有雏形。① 这种具有法治性质的原则对现代财政的诞生具有重要意义。12~13世纪, 英国、法国等国家等级议会的出现, 标志着中世纪王朝国家有了一种雏形的现代财政。事实上, 等级议会是一种税收征收协商机制, 其基本原则是未经等级议会同意, 国王不得开征新税。代议制为现代财政的建构提供了组织框架和制度化形式。即纳税人不再是以个人的身份同国王协商征税, 而是联合起来通过组织的形式同国王进行协商。经过漫长的斗争和一次次的确认, 国会才将控制税收的权力牢牢掌握在自己手里, 其中战争因素起到了不可忽视的作用。1362年, 英王爱德华三世也在其签署的法令中认可和接受 "没有议会的同意不征补助金和其他赋税"②。《大宪章》之后, 亨利三世、爱德华一世、爱德华三世等数位皇帝都反复重申这一原则, 制度逐渐形成。然而, 直到1688年的光荣革命, 国会才真正完成了对国王征税权的控制。后经19世纪的两次国会改革, 下议院最终掌握了财政权。国会通过一系列宪法性的文件, 如1627年《权利请愿书》、1688年的《权利法案》、1919年《议院法》等, 财政立法权限、程序和国家财政体制等基本财政法律制度得以形成, 英国的法治制度最终确立。③ 英国法治制度的最终确立和巩固使现代财政建立在坚实的法治基础上, 它催生和完善了西欧的现代财政。

---

① 刘守刚. 西方宪政发展中的税收动因研究 [J]. 华东政法学院学报, 2003 (6).

② Lyon, B. A Constitutional and Legal History of Medieval England, New York, 1980, 387.

③ 刘剑文主编. 财税法学 [M]. 北京: 高等教育出版社, 2004.

5. 现代财政的发展与完善

工业革命前后，现代财政在促进市场经济体制确立的过程中，自身也走向成熟。市场经济是建立在商品经济基础上的，商品交换活动的不断扩大需要和平的市场环境、私人财产权的确认和保护以及契约的履行等条件，这些都属于公共产品，是市场自身无能为力的，即所谓的"市场失灵"。概括而言，市场有三大不能：不能自觉维护公共目标，不能自发界定主体产权，不能自然实现经济秩序。"不能""不愿""搭便车"是市场经济的软肋。与此同时，政府在弥补市场失灵方面有四大优势：征税权的优势、禁止权的优势、处罚权的优势和交易成本的优势。因此，需要政府充当守夜人、公益人和协调者三种角色，以实现和保障社会公共利益、调整主体利益冲突、维护正常的竞争秩序。政府与生俱来的强制力，是交易双方自愿接受的东西，缺少这种强制力，交易活动就无法顺利完成。随着市场经济的发展，政府提供的公共服务范围也在不断扩展，除了制定规则、规范秩序外，还有为市场发展提供和平环境和基础设施，进行宏观调控等内容。

工业革命前，市场经济体制已经初步建立起来，但仍然没有成熟与定型。以地理大发现和新航线开辟为发端，以"圈地运动"和对外掠夺为重要手段，即所谓的资本原始积累过程，此过程始终有现代财政相伴，离开了财政的支持，资本原始积累不可能顺利完成。此前葡萄牙人的航海活动由葡王室的鼎力相助，迪亚士、达·迦马、哥伦布和麦哲伦的地理大发现有西班牙王室的大力支持。资产阶级革命后，自17世纪后半叶，"圈地运动"已不再是私人自发进行，而是通过"议会圈地"方式在国家政权直接参与下进行，现代财政支持市场经济进程的作用十分明显。财政在此过程中提供了"制度创新"这一市场经济体制建立的重要条件，并因此铸就了自己的

"公共性"品质。① 正由于现代财政的保驾护航，才使工业革命在市场机制作用下首先在英国产生。此后的工业革命，尽管国家没有直接配置市场资源，但它通过消除旧制度对经济的束缚，使消费、供给和商业中介活动冲破了行政的、疆域的各种壁垒，大大增强了商品、劳务、资本和劳动力的自由流动性、便利性、灵活性，使消费者和厂商在自主决策的前提下实现利润最大化。总之，资本主义国家的现代财政在不同程度上促进了各自国家的工业化和市场经济体制的建立。②

西方各国在克服 20 世纪 30 年代大萧条的过程中，进一步扩展了国家职能，现代财政进入发展完善阶段。随着资本主义经济的发展，自由放任的市场原已存在的隐患日益凸显出来，集中地表现在公平缺失与经济波动两大问题上。进入 19 世纪之后，社会分配不公状态的加剧及其引起的社会动荡，充分证明市场机制难以解决社会公平问题。此外，随着经济发展和市场规模扩大，西方经济周期愈益显示出其破坏性，并最终导致了 20 世纪 30 年代西方世界经济大危机的爆发，宏观经济不稳定已成为对现存社会制度和经济制度的致命威胁，这说明市场本身是无力解决宏观经济问题的。在此背景下，西方政府通过财政收支活动大规模进行收入、财富和社会福利的再分配，通过宏观经济政策的干预以克服经济危机，使西方国家的现代财政政策从以自由放任为基本特征转向了以政府干预为基本特征。市场经济需要现代财政的介入、现代财政就需要进一步完善其自身职能。现代财政制度的完善就主要表现在为解决上述这两大经济和社会问题而实现的。30 年代以后，西方各国现代财政职能的进一步完善，说明财政再也不像以前那样是从政府预算的需要出发，而是从市场和经济发展需要来设计财政收支规模和结构，这样，财

①② 李炜光. 论现代财政的历史使命 [J]. 财政研究，2002 (3).

政活动本身便被政府作为整个市场和经济运行的一个控制器来使用。这是现代财政区别于其他类型财政的根本点，而这也正是现代财政公共性的具体体现。

2.3.2 现代财政的市场逻辑

现代财政的形成有两条主线：一是由领主国家到税收国家再到预算国家的演进；二是伴随市场经济的孕育、发展、确立与完善的历史进程，私人领域与公共领域的分野过程中财政公共性的日趋凸显。而且，这两条主线相互交织，互为条件，共同推动财政由家计财政逐步向现代财政转型。

1. 市场经济的孕育与发展

市场经济的产生与发展直接推动了私人财产的发展，为个体独立于整体（群体）打下了坚实的物质基础。"个人主义的起源不能仅仅看作一场观念运动，它是一种真实的、客观存在的社会出现的结果。作为一种信条，它是由新社会的需要定型的。就像一切社会哲学一样，它不能超越它赖以产生的载体。"[①] 西欧封建制度下的社会关系建立在土地等级占有的纽带联系中，每个人总要程度不同的依赖于领主，财产处于家族共有状态。在这种状态中，个体与个体之间尚未明确体验到自己是与他人相分离的独立的个体，无法意识到自己本身的存在。个人主义强调人与人之间的区别与独立，而个体区别与独立的物质因素就是财产的私有化与财产的分割占有。商品经济中，货币有利于财产的分散占有，"货币"（mutuum）这个词就是从"我的"（meum）和"你的"（tuum）演变而来的。[②] 近代以来商品市场经济的发展把个体从整体的人的依赖关系中解脱出来，

---

① 拉斯基著，张振兵等译. 思想的阐释 [M]. 贵州：贵州人民出版社，2001：39.
② 巫宝山主编. 欧洲中世纪经济思想资料选辑 [M]. 北京：商务印书馆，1998：52.

个体对整体的依赖转变为对物的依赖，此时的个体尽管不是真正独立自由的个体，但相对于群体本位社会的个体来说已经是历史的巨大进步。正如马克思所言，"每个个人行使支配别人的活动或支配社会财富的能力，就在于他是交换价值或货币的所有者，他在衣袋里装着自己的社会权力和自己同社会的联系"①。商品经济瓦解了传统社会共同体，"普遍物已经破裂成了无限众多的个体原子，所有的原子个体一律平等，都像每个个体一样，各算是一个个人"②。而个体"一旦从传统世界的归属纽带中解脱出来，便拥有自己固定的地位和攫取财富的能力，他通过改造世界来发财"③。尽管个体追求财富会体现利己的一面，但是这与封建制度下赤裸裸的剥削相比不可同日而语。韦伯指出，"对财富的贪欲，根本不等于资本主义，更不是资本主义精神。倒不如说，资本主义更多的是对这种非理性欲望的一种抑制或至少是一种理性的缓解"④。现代社会的资本主义精神是以合理谋利为特征，它强调利己不损人原则。即"两个原则主宰着人性：自爱的激励，理性的束缚"⑤。总之，个体独立与私人财产相关，私人财产与市场经济相连，个体的独立又是个体创造力的源泉，而个体创造力则是社会进步的动力。正因为市场经济建立在具有创造力的个体独立基础上，极大地激发了个体创造的激情，极大地促进了社会生产力的发展，使"资产阶级在它的不到一百年的阶级统治中所创造

---

①　马克思恩格斯全集（第46卷上）［M］．北京：人民出版社，1979：103.

②　迈克尔·欧克肖特著，张汝伦译．政治中的理性主义［M］．上海：上海译文出版社，2004：114.

③　丹尼尔·贝尔著，赵一凡等译．资本主义文化矛盾［M］．北京：三联书店，1989：62.

④　马克斯·韦伯著，于晓等译．新教伦理与资本主义精神［M］．北京：三联书店，1987：8.

⑤　安东尼·阿坝拉斯特著，曹海军等译．西方自由主义的兴衰［M］．吉林：吉林人民出版社，2004：45.

的生产力，比过去一切世代创造的全部生产力还要多，还要大"①。综观人类历史，市场经济或许存在这样那样的不足，或许有人称它为不好的制度，但是，市场经济也许是所有制度中最不坏的制度。

反过来看，私人财产权是市场经济产生的必要条件。没有私人财产就丧失了市场交易的先决条件，也就不会有自由竞争和市场经济。在制度因素之中，界定财产权是最重要的。无论是封建庄园制度的兴起和衰落，还是近代产业革命的发生，都与私人财产地位的变革有直接的关系。财产权不确定，私人经营的产业及其合法收入就没有保障，也就是说没有制度的保证为经济创新提供刺激，引起经济增长的活动便会停滞，近代工业就发展不起来。有效的财产权制度能够消除或减弱那些有损于交易的不确定性，降低阻碍合作的外部性，刺激人们去积极从事创新和技术发明及应用的活动，唤起人们的敬业和创新精神，促进交易，鼓励合作，实现资源的最佳配置和最优利用，实现经济增长。明确私人财产权有助于降低社会交易费用。交易是协商、谈判和履行协议的过程。财产权界定不清，交易费用必然提高，甚至最后无法实现交易。明确私人财产权还有助于提高社会分工的程度。分工是国民财富的主要源泉，然而，没有明确的私人财产权，分工的深入和发展是不可能的。比较利益原理告诉我们，在一个知识扩散的社会里，要使生产专业化的分工与协调得以进行，人们就必须得到有保障的可转让的私有财产权，即能够以双方同意的价格，用较低的交易费用对生产资源和可交易产品进行转让的权利。否则，市场交换难以进行，从而社会分工就会受到压抑。明确私人财产权还有助于激发社会公众创造财富的经济性。古典经济学家已经看到，如果一个人无法控制和支配自己的劳

---

① 共产党宣言［A］. 见：马克思恩格斯选集（第1卷）［M］. 北京：人民出版社，1972：256.

动所得，他就不愿意积极创造和积累财富，而一个社会就没有充足的财富积累，就不会发展，保护私人财产就是积累社会财富。

2. 市场经济与私人性和公共性的分野

从市场的角度看，公共性与私人性是相互对应的一对范畴。私人性与作为自然人的个人紧密联系在一起，但这并不意味着私人性范畴是随着人类社会的产生而产生的。奴隶社会和封建社会是典型的人的依赖社会，此时，个人没有独立的政治经济地位，而是依附于他人而生存，个人的需要难以满足，实质上是从属于极少数人的个人需要。因而，在人的依赖社会，个人需要受到了很大的限制。在这种背景下不存在所谓的公共性与私人性的区分。而在计划经济条件下，除国家利益以外的其他利益都被否定，所有主体的利益都被包容进了国家利益。可见，这一体制下的个人需要在相当程度上被异化为"国家需要"。由于缺失了私人性这一对立面的存在，计划经济体制下的公共性自然也就不是本书意义上的公共性了。正是市场经济的产生和存在才使严格意义上的私人性范畴得以形成，进而才有了相应的公共性范畴。因为唯有在市场经济体制下，个人具有独立的政治经济地位、个人的各项基本权利得到法律的保护和尊重才成为一种普遍状态，此时个人才有可能合法地拥有和追求自身利益。尽管个人独立的利益和需要对市场经济来说是重要的，但它并不否定公共需要，毕竟大多数的公共需要是无法通过市场活动解决的。公共需要以其共同消费的特性有别于私人需要，但现实生活中不存空洞的、超脱于私人需要的公共需要。公共需要实质上是私人需要的交集抑或是集合形式的私人需要，它的满足最终要体现在每个个人身上。因此，虽然公共需要并不是直接意义上的私人需要，但它在实质上仍旧是私人需要。透过公共需要与私人需要之间的关系，我们可以看到直观上公共性是与私人性相互对立的，但实际上公共性是建立在私人性基础之上的。从根本上说，公共性是私人性的派生物,它根源于私人性,所以私人性应该而且能够从根本上决定和制约公共性,但公共性在一定程度上又必然凌驾于私人性之上。而要使这一切成为现实,市场经济的确立是必要条件。

3. 现代财政的市场逻辑

从市场经济到"现代财政"存在着内在的逻辑联系,这种联系渊源于个人的商品交换行为,以获得比较利益,更好地满足自己的私人消费需要。私人利益和个别需要有其自身的实现机制,个人对自身利益的追求使私人利益和个别需要的实现具备了充足的微观动力,因而政府不必直接介入其实现过程。同时,个别需要所体现出的千差万别的个体偏好,使政府难以直接参与其实现过程。此外,个别需要的实现完全可以按照等价交换的原则在个人之间进行,这种等价交换的过程一方面满足了购买者对商品物质形态的个别需要,另一方面则满足了售卖者对商品价值实现的追求。与此不同的是,由此而产生的公共需要,无法通过私人的市场活动来解决的。经济学中的"市场失灵"理论已经充分证明了这一点,我们身边的一些实例也一再重复着"公地悲剧",市场讲究成本与报酬之间严格的对称性,而公共产品的非排他性和非竞争性,决定了公共产品由市场机制提供会导致供给不足或效率不高,因而必须由政府通过财政机制加以解决。可见,社会成员的个别需要的满足和实现不必也不能由政府财政来实现,而社会公共需要则应该主要通过政府渠道得到满足,政府财政实质上是为满足公共需要而存在的现代财政。随着市场经济的发展,公共领域的不断变化,国家对公共产品的满足程度有高有低,但政府所提供公共产品的特性并未发生变化。政府满足公共需要、提供公共服务的经济活动构成了一种适应市场经济要求的财政类型即现代财政,政府为此而形成的财政活动,具有"公共性"的特征。市场经济条件下,政府财政的"公共性"概源于此类市场逻辑。

2.4 现代财政公共性的多维分析

公共性是现代财政的本质属性。现代财政的公共性体现在其市场经济契合性、民主性与法治性等方面。在市场经济条件下孕育与发展，与市场经济相伴相生是现代财政的鲜明特性；私人财产权的确立与市场经济互为因果，二者共同作用的结果推动了家计财政向国家财政进而向现代财政的演进，现代财政与二者息息相关，并因之具有法治财政与民主财政的内涵；也正因为市场经济的契约经济本性，使市场经济具有法治的特征，相应的，法治性也成为现代财政的内在属性。从本质上说，现代财政是市场经济财政、民主财政、法治财政的综合体和统一体，而公共性又是现代财政本质的内在界定。

2.4.1 公共性是市场经济财政的内在界定

财政从来都具有公共性，为什么市场经济条件下的财政才是现代财政呢？原因在于市场经济下个体得以独立，群体本位社会下的抽象的公共性走向具体，市场经济平等精神、契约精神、自由精神以及对信息对称性要求对传统财政进行了重塑，使建立在市场经济基础上的财政区别于以往的财政，故称之为现代财政。现代财政作为市场经济财政，不仅在于它赖以存在的经济基础是市场经济体制以及它所具有的与市场经济体制的契合性，而且更在于它是受市场约束和规范的财政。从根本上说，家计财政强调的是专制统治的维持问题；国家财政强调的是政府职能的实现问题；现代财政则强调的是公共需要的满足问题（见表2-1）。

表 2 - 1   不同财政类型比较

财政类型	经济基础	主要目标	本质属性
家计财政	自然经济	维护专制统治	阶级专制性
国家财政	计划经济	实现国家职能	国家为主体的分配
现代财政	市场经济	满足公共需要	公共性

　　市场经济的孕育与发展，商品与货币成为社会财富的基本形态，以土地为财富基本形态发生了根本变化，使难以分割的土地财富形态变成易于分割的货币商品形态，这为财富的个体占有和分割成为可能。随着财富的私人占有，个体独立的经济地位渐渐确立，随之个体意识觉醒了，个体日渐从群体本位社会中独立出来，个体的独立激发了个体的创造性，个体的创造性促进了经济的飞跃发展和财富的爆发式增长。这就是市场经济与个体独立之间的良性互动。进而分析发现，市场经济把原来认为因无法分割而视为公共财产的东西分割了，比如对一头大型牲畜的共同占有，通过货币的补偿可以分割为若干等份，并且这种分割是以平等互惠的方式进行的，等价交换的市场原则随之产生。头脑灵活的个体通过分割获得补偿之后把资金投入经营中去赚取利润，这样就使资金使用效益大大提高，效率原则得以形成。这样，群体之间的合作及其产生的合作剩余通过这种互惠高效的市场方式分割之后，发现有些合作难以分割或者难以有效地分割，如公共安全与秩序、道路交通、水利工程、防灾减灾等，而这些需要又是个体生存与发展所必需的，于是这部分合作就继续保留，满足这部分需要的任务就交给政府以财政的方式实现。这个过程就是市场经济诞生过程中市场与政府的自然分野过程，也是财政由封建社会的家计财政转变为市场经济的现代财政的过程。

　　可见，私人性范畴的最终形成以及它与公共性范畴的分野是因市场经济的诞生而实现的，而且，也只有从市场的角度才能得出公共性与私人性是相互对应的一对范畴的结论。在自然经济条件下，极少数人的个人需要凌驾于大多数人的公共需要之上，而且此时的财政公私不分，在很大程度上只为统治者提供服务，具有较强的皇室财务的性质，因此它只能称之为家计财政。而在计划经济条件下，个人的需要基本上被否定或者说被异化为国家需要，这种背景下的财政主要是满足将公共需要、个人需要都包含在内和混淆在一起的国家需要，这就决定了计划经济条件下的财政模式是国家财政类型。唯有在市场经济条件下，公共需要和私人需要才各归其位，财政才摆脱家计财政与计划财政的阴影而彰显公共性的本色，因此，可以说现代财政本质上是市场经济财政。

2.4.2 公共性是民主财政的内在界定

从政治学角度来看，市场经济中分散决策就是民主决策，因而市场经济也是民主经济。人人平等的观念源自商品经济，源自人们在商业活动中扮演的角色。商品经济的公平交换原则要求摧毁由身份特权给经济公平竞争设置的障碍。商品是天生的平等派，尽管每个人占有财产不同，存在着经济上的不平等，但在人格权利上和等价交换上是平等的。近代早期的博爱、宽容、平等观念的形成与兴起，与商品经济的孕育与成熟存在着明显的相关关系。自由、民主的实现离不开商品经济，离不开商业和货币制度。随着商品经济的发展和市场经济的逐步建立，民主制度逐步萌芽并最终建立。但是，民主制度的确立是一个长期的博弈过程，以英国为例，国王与纳税人围绕各自的权利通过民主机制和现代财政机制进行了长期的利益博弈，才逐渐确立了民主财政制度，界定了公共权力的委托人与代理人之间的权利义务关系。"财产划定了个人自由的范围与国家权力的界限，民主则维护了这一界限，规定了人民与政府的权力范围"。① 民主财政的本质就是，纳税人为了维护私人财产权，通过法治和民主机制生成维护自身权利的长效机制，即民主财政制度。在民主机制下，通过现代财政机制控制公共权力的代理人，维护公共权力的委托人的权利。这样，就形成了公共权力的代理人和委托人之间的长久的契约关系。代理人通过现代财政机制获取公共资金为委托人提供公共服务，委托人通过民主机制控制代理人的行为，确保代理人服务于自身的利益。这就是民主财政的生成原理以及民主财政的本质。② 财政民主表明以私人财产转化为现代财政收入而满足公共需要这一逻辑关系，以及建立在这一关系基础之上的公民对政府的监督制约和公民权利的根本保障。简言之，财政民主的实质就是公民参与决策，"民有""民治""民享"是对民主政府与民主财政的高度概括。

民主财政的核心是契约安排。市场经济本身就是一种契约经济，市场经济下的各种交易行为都是通过契约来完成的。在私人物品部门，生产者和消费者通过订立契约来实现交易。公共物品生产部门也存在着政府与公民之间的契约。根据这种契约，政府要为公众提供公共产品和服务，为此需要向公众征税来筹集资金；而公众从政府提供的公共物品中受益，但要付出纳税的代价。如果政府不能为公众提供满意的公共服务，就会失去公众的支持，该政府将会在选举中被选民所抛弃。因而，可以说投票机制保证了公共契约的履行。③

————————

① 肯尼斯·万德威尔德. 十九世纪的新财产：现代财产概念的发展［J］. 经济社会体制比较，1995（1）.

② 付景涛. 论英国民主财政的生成原理及其对我国的政策启示［J］. 湖北行政学院报，2007（6）.

③ 井明. 民主财政论——现代财政本质的深层思考［J］. 财政研究，2003（1）.

民主的本质是主权在民，因而，民主天然具有公共性的品质。民主的运行机制是公众参与决策与监督，民主的作用是防范独裁与专制，民主的目标是保障公民权利和公共利益的实现。因此，民主从诞生之日起就以公共决策鲜明特性与独裁专断划清了界限，以追求公共利益进而保障公民权利的明确目标与一己之私假天下之公的伎俩形成强烈对照。民主的公共性品质经过历史的洗礼与实践的检验而日益为公众认同与尊崇。现代财政的民主本质是现代财政公共性本质的重要体现与可靠保障。现代财政以其民主行使财权的本质为自己打上了民主财政的烙印。现代财政的民主本质要求现代财政除了追求经济效率的价值之外，还应该追求公平和正义的价值，让财政真正体现为全体公民服务，应该追求民主的价值，让纳税人拥有参与权和发言权。民主财政要求政府要时刻牢记自己的任务只是执行公共决策，而不能越俎代庖。政府不但要每年向公民公布其预算和决算情况，接受公民监督；而且遇到重大事件时要向公民说明，让公民了解情况，并遵照公民的决策。公民意愿经由公共选择充分表现出来是民主理财的关键。因此，民主参与是一个很现实的问题，是衡量现代财政成功与否的根本标准。

2.4.3 公共性是法治财政的内在界定

法治是现代财政的鲜明特性。法治是现代财政必须遵循的契约原则的规范化和固定化的最佳实现方式。在自然经济条件下，经济的封闭与保守，活动范围的局域性与自给自足，使人们限于血缘、亲情、伦理、等级、宗教所限定的各种身份，并在特定的身份下循规蹈矩、安于现状。这种规模狭小的小农经济，加之生产力水平低下，决定了人们之间的相互依赖，小农经济表现出的对人的依赖、对土地的依附，进而对土地所有者的依附，又决定了那时的小生产者没有独立的人格，难以成为完全的社会主体，社会成员被迫接受人治的专制制度。但在市场经济条件下，契约关系是商品生产者经济交往所遵守的最基本关系，因此也是诸多社会关系存在的前提和基础。在此意义上，市场经济条件下的契约原则具有真正的社会意义，契约精神也得到普遍的弘扬。[①] 因此，作为诞生于市场经济的基础之上，与市场经济相适应的一种财政模式，现代财政的重要任务就是对市场契约的尊重和保护。要履行对契约的保护，现代财政首先必然是"法治"的财政，因为对契约的有效保护是法治的本质特征。法治是现代财政必须遵循的、契约原则的、规范化和固定化的最佳实现方式，财政权力既要受法律约束，财政行为又须有法律依据。

以霍布斯、洛克、孟德斯鸠等为主提出的交换学说认为：国家征税和公民纳税是一种权利和义务的交换，公民有为获得国家保护而纳税的义务，同时亦有对政府行为进行监督，并保障其公民权利不受侵害的权利。政府与公民个人之间的这种特殊的交易关系就是契约关系，这种交换本身便具有公共契约的性质。[②] 马克思指出："究竟为什么赋税、同意纳税和拒绝纳税在立宪主义历史中起着这样重要的作用呢？其实原因非常简单。正像农奴用现钱从封建贵族那里赎买了特权一样，各国人民也要从封建国王那里赎买特权。国王们在与别国人民进行战争时，特别在与封建主进行斗争时需要钱。商业和工业越发展，他们就越需要钱。但是，这样一来，第三等级，即市民等级也就跟着发展起来，他们所拥有的货币资金也就跟着增长起来，并且也就借助于赋税渐渐从国王那里把自己的自由赎买过来。为了保障自己的这些自由，他们保存了经过一定期限重新确定税款的权利——同意纳税的权利和拒绝纳税的权利。"[③] 正是基于这

---

①② 邢天添．论现代财政的契约精神［D］．天津：天津财经大学，2006．

③ 马克思恩格斯全集（第6卷）［M］．北京：人民出版社，1960：303．

种税收契约关系，建立了国家与公众之间的税收债权债务关系，使公众和国家之间的权力义务得到了重新调整与定位，让公众意识到，国家的财政行为若不符合公正原则，不能有效地提供公共产品和公共服务，那么国家就不具备公共性，它也就从根本上丧失了存在的合法性。为了使这种契约关系规范化和固定化，并得以良好的遵守，最好的方式就是法治化，这是历史给我们的最好启示。[①] 政府作为国家权力的行使者，在契约关系中居于优势地位，而政府历来都有扩张权力的冲动，正如孟德斯鸠所言："任何掌权者都倾向于滥用权力，他会一直如此行事，直至受到限制"。[②] 为了确保国家权力的公共性，使其谨守契约原则，公众迫切需要法治这一有效手段来制约政府可能的违背契约行为的发生，西方立宪历史上关于征税权的斗争就是明证。

公共性是现代法治的鲜明特性。法治的公共性内涵首先体现在现代法律作为公共意志的集中体现，是对社会群体中个性的一种提炼和升华，是建立在一定条件基础上的群体一致的意志或意识表达，是公共意志、公共理性、公共价值、公共需要、公共利益对于个体意志、个体理性、个体价值、个体需要、个体利益的代表性或体现度，因而具有公共性的核心内涵。法治作为契约原则规范化与固定化的最佳实现方式，其目的就是为了确保国家权力的公共性得到实现。如果撇开维护专制特权的法律不谈，就现代意义上的法治精神而言，公平正义是法治的灵魂。对此，英国著名法学家戴雪（A. V. Dicey）给予了精辟的注解。戴雪认为："真正的法治"意味着：（1）法律具有至尊性，反对专制与特权，否定政府有广泛的自由裁量权；（2）法律面前人人平等，首相同邮差一样严格遵守法

---

① 陈志勇，姚林. 现代财政的宪政分析［J］. 财贸经济，2007（10）.
② 孟德斯鸠著，张雁深译. 论法的精神［M］. 北京：商务印书馆，2002.

律；（3）不是宪法赋予个人权利与自由，而是个人权利产生宪法。①
法治的公平精神与至高无上的权威性使其成为维护公共性的最佳手段，同时，司法作为国家公权力的重要组成部分相应的也具有公共性的属性。事实上，"法治"是与"民主"紧密不可分的。"法治"的本质在于保障和界定公权力的行使，而"民主"的本质在于促进公众运用公权力。实现法治与民主，是人类寻求政治进步和社会发展的必然要求，是迄今人类社会所能找到的维护公共性的尊严不受侵犯的最好的、最安全的方法。

从实践来看，现代财政作为法治财政，财政权力既要受法律的约束，具体的财政行为又须有法律的依据。政府的财政权力并没有独立于社会公众的价值，而是来源于社会公众，因此，财政权力具有公共性的鲜明特性。社会公众通过制定反映他们意志的法律、法规来规范政府财政活动的界限，使现代财政更好地履行提供公共产品和服务的职能。

2.5 本章小结

财政天然具有公共的属性。财政的公共性与国家的公共性之间具有内在的逻辑联系。财政公共性的充分实现需要具有一定的条件，即只有在市场经济条件下，私人财产权得以确立，社会需要分化为私人需要与公共需要，私人需要通过市场机制得以高效实现，而市场机制无能为力的公共需要集中由财政提供公共产品和服务予以解决，财政的公共性因而得以彰显。又由于市场经济凭借私人财产权的确立，国家权力的扩张受到私人财产权的强制约束，国家征税权建立在"不同意不征税"原则上。从税收看，国家取得财政收入是

---

① 戴雪著，雷宾南译. 英宪精义 [M]. 北京：中国法制出版社，2001.

对收入财产权的一种侵占，从财政支出看，它关涉私人财产权的保值增值，因而，公众有权要求参与财政决策，财政体现为民主财政的性质。由于法律作为社会规范的高级形式，具有其他形式无法替代的作用，市场经济的契约性质必须由法律加以规范，市场经济下的财政也就体现为法治性，因此，市场经济下，市场契合性、民主性、法治性成为财政的内在属性，财政的公共性也因此得以保障和显现，此时的财政就称之为现代财政。

第 3 章

透明度：现代财政的实践基础

公共性与透明之间有着内在的逻辑关联。透明具有内在价值与外在工具的双重属性，这是由公共性的两重含义决定的，即公共性与公共利益的价值关联和公共性本身具有公开透明的属性。现代财政的公共性体现为市场经济契合性、民主性与法治性，而透明度是衡量市场经济财政、民主财政和法治财政的标志。因此，透明度既是现代财政本质属性的内在要求，又是衡量现代财政实现程度的外在标尺。

3.1 透明度的界定与历史演进

透明度是对揭示公共事务本质与运行规律的信息公开程度的度量。作为衡量公共信息公开程度的标尺，在其漫长的历史演进过程中经历了初民社会的原始展现、专制社会的历史蒙蔽与民主社会的艰难复现三个大的阶段。

3.1.1 透明度的界定

透明度一词因广泛应用于诸多相去甚远的领域，因而不易对其内涵做出精确定义。在社会科学领域，透明度所指的基点或对象是信息。而信息作为一个学术概念，含义也极其广泛。时至今日，信息的定义已经不下百种，国内外学术界至今没有归纳出一个统一的，大家公认的定义。中国的《辞海》里对信息的定义是：信息是对消息接受者来说预先不知道的报道；美国的《韦氏字典》把信息定义为用来通信的事实，在观察中得到的数据、新闻和知识；日本的《广辞苑》则认为：信息是所观察事物的知识。故很多学者认为，信息是可以描述而不能定义的。如果一定要尝试概括的话，信息可以看作是事物本质属性的外在显现，其实质是对不确定性的否定。信息分为表示事物本身的规定性的结构信息（又称绝对信息）和产生于控制系统对周围事物的反映之中的功能信息（又称相对信息）。对政府信息而言，信息指的是消息、情报、新闻、数据、资料、图像、密码及文字、语言等所揭示或反映的政府活动内容。

透明度与知情权密切相关。"知情权"一词来自英文"right to know"。"知情权"也称"人民的知情权"（people's right to know）或"公众知情权"（public's right to know）。知情权，是一种个人权，是指公民有权了解社会诸活动的权利，它包括对国家事务、社会事务和其他事务的了解要求。知情权与信息公开制度相伴相随。早在18世纪，瑞典就在其《出版自由法》中，提出官方文件应向人民公开，这被认为是"公开原则"的最早表述。[①] 1955年，美国新闻界著名人士、美联社主编肯特·库珀（Kent Cooper）率先明确提出"知情权"这一概念，并在美国新闻界发起、推动、倡导了一场"知情权"的"自由信息"运动。美国《信息自由法案》通过后，在世界范围内掀起了追求"知情权"和"信息公开"的潮流。知情权包括：（1）知政权，是指公民依法享有的知道国家活动，了解国家事务的权利，国家机关及其工作人员有依法向公民以及社会公众公开自己活动的义务；（2）社会知情权，是指公民有权知道社会所发生的他所感兴趣的问题和情况，有权了解社会的发展和变化；

---

① 魏永征. 中国新闻传播法纲要［M］. 上海：上海社会科学出版社，1999：53.

（3）信息了解权，是指公民对有关自己的各方面情况的了解权；
（4）法人的知情权，是指法人在不妨碍他人利益和社会利益的情况下，有权获得一切对他有用的信息；（5）法定知情权，是指司法机关为侦查案件、审判案件收集证据而享有的了解案件有关情况的权利。[①] 知情权在宪法上主要是作为一种基础性权利而存在，与其他宪法权利不同，在整个宪法的权利体系中具有一定的超越地位，是各项基本权利的基础性权利和前提性权利，是诸多权利的基础和核心。现代民主社会中，如果缺乏作为基础性权利的知情权，将无法达到权力运行的良好状态，它不但是人民主权原则的必然要求，也是参政权、表达自由、监督权及其他宪法权利的基础性权利。人民只有知悉政府行为，才能客观地评价政府能力，判断政府是否值得信任，判断其行为是否符合人民的意愿。

透明度特指公共事务信息公开的程度。透明度只关心政府信息的公开程度，个人隐私恰恰是透明的禁区。1890 年，美国法学家布兰蒂斯和沃伦在哈佛大学《法学评论》上发表了题为《隐私权》的文章，被公认为隐私权概念的首次出现。隐私权是指公民不愿公开或让他人知悉个人秘密的权利。它是私人信息依法受到保护，不被他人非法侵扰、知悉、搜集、利用和公开等的一种人格权。隐私权涉及四种行为：（1）不合理地侵犯他人隐居或独居的权利；（2）盗用他人的姓名或形象；（3）公开私人的行为；（4）不适当地出版或曝光。[②]《美国侵权法重述·第二次》（*Restatement of the law*，*Second*，*Torts*）具体规定了四种侵犯隐私权的行为：侵入隐秘、窃用姓名或肖像、公开私生活、公开他人之不实形象。[③] 上述表明个人隐私有两个核

---

① 王利明. 人格权法新论 ［M］. 吉林：吉林人民出版社，1994：488.

② 黄永维. 美国的隐私权与隐私法 ［N］. 人民法院报，2002：8 (19)。

③ Restatement of the law, Second, Torts, http：//lexinter. net/LOTWVers4/restatement_(second) _of_torts. htm.

心：一是与公共无关的个人信息；二是不得随意公开。与之相反，政府信息作为关涉公众利益的信息就必须公开透明，透明度就是衡量政府信息公开程度的指标。

透明的实质是对事物本质的揭示和显化，意在对不确定性的消除与否定。透明度就是衡量事物本质属性揭示程度的标尺。就本书论域所特指的财政信息而言，透明度是指财政预算的决策机制与决策过程、财政收入的来源及结构、财政支出的去向及结构，以及财政支出绩效等信息的公开程度，用通俗的语言表述就是钱从哪里来？钱到哪里去？为什么这样做？效果如何？因此，公共事务信息的公开透明要舍弃庞杂无关的信息，简要地把公众想知道的事情公之于众，而不是把诸如成绩总结、领导讲话、新闻通讯一类的信息公开出来，也不是把有用的信息混杂在海量无用信息之中让公众无所适从。

综上所述，透明度的定义可以简要概括为基于公民知情权基础上的揭示公共事务本质与运行规律的信息公开的程度。可获得性、及时性、相关性、信息的质量与可信赖性是衡量透明度的指标。

3.1.2 透明度的历史演进

透明度的历史演进经历了三大历史阶段：（1）在初民社会中，由于生产力极不发达，群体规模有限，个体社会关系简单，公共信息的产生与传播几乎同时发生，加之个体控制公共信息传播的手段与能力不足，因此，初民社会的公共信息得以本真展现。（2）专制社会是伴随生产力的发展和阶级控制权力的增强不断演变的，社会结构进一步复杂，社会规模进一步扩大，公共事务信息的产生与传播日渐脱离，而统治阶级对公共信息的控制与独占进一步加强，这就使公共信息的不透明成为可能与可行。（3）随着商品经济的产生、市场经济的孕育、个体独立意识的增强、启蒙运动的兴起、文艺复兴的广泛影响，民主社会蹒跚地登上历史舞台，公共信息的公开透明历程由自为（或者迫不得已）逐渐到自觉的阶段。

1. 透明度的原始展现

"民主制度理所当然地是文明时代的伟大创造，是直到近代才逐渐繁荣起来的一套游戏规则"，这种认识由来已久，流传甚广，用霍贝尔的话说："古老的政治哲学认为，初民生活在一个犬牙魔爪暴虐统治之下的社会里，这一认识是毫无事实根据的"。① 自古以来的这种错误论断充分体现了"文明人"的自负，我们通常把制度中理性的部分视作为"文明时代"的产物，而将其中对人类构成伤害的部分看作是历史的局限。这种成见即使不能说是颠倒黑白，至少也必须指出，这是人类对于自身历史极为荒谬的误读。英国学者弗雷泽（James Frazer）的《金枝》② 和美国学者摩尔根的《古代社会》，用翔实的资料揭示了初民在远古时代的生活面貌，还原了原始生活和原始民主制度的真相。③ 摩尔根对原始社会氏族制度的民主政治特征作出了如下评述："氏族制度本质上是一个民主制度。每一个氏族、每一个胞族、每一个部落，都是一个组织完备的自治团体，当几个部落联合成为一个民族时，其所产生的政府的组织原则也将同该民族的各个组成部分的活动原则相协调"。④ 马克思对摩尔根的《古代社会》做出高度评价，恩格斯受其启发写出了《家庭、私有制和国家起源》这部重要著作。恩格斯在《家庭、私有制和国家起源》一书中说道："雅典人国家的产生乃是一般国家形成的一种非常典型的

---

① 霍贝尔. 初民的法律［M］. 北京：中国社会科学出版社，1993：311.

② 弗雷泽著；徐育新，张泽石，汪培基译. 金枝［M］. 北京：新世界出版社，2006.

③ 摩罗. 我们拥有三百万年的民主经验［EB/OL］. http：//www. china-review. com/eao. asp? id =20393.

④ 路易斯·亨利·摩尔根. 古代社会［M］. 江苏：江苏教育出版社，2005：197.

例子，一方面，因为它的产生非常纯粹，没有受到任何外来的或内部的暴力干涉……另一方面，因为在这里，高度发展的国家形态，民主共和国，是直接从氏族社会中产生的。"① 尽管史学界关于原始民主因素对日后各国尤其对雅典的影响仍有分歧，但是摩尔根的《古代社会》、恩格斯的《家庭、私有制和国家起源》中都承认，雅典民主蕴含原始民主的遗风。在生产力不发达的情况下，原始民主有效地平衡、协调着氏族社会内部各种利益关系和矛盾冲突。原始民主内容主要是氏族成员在社会生活中享有平等的权利等内容，那些被称作酋长或者国王的政治领袖，其遴选、上任、下台都在民众的掌握之中。在原始社会发展为阶级社会的漫长过程中，出现了君主制度并越来越朝着集权、专制的方向发展。可是，也有一些民族在原始社会向阶级社会转型的过程中，极为尊重历史上的民主原则，可贵地坚守着这种文明原则。就在埃及的法老、中国的周王号令四方时，古希腊城邦中的贵族们却依然像氏族时代那样商议公共事务，还常常召开国民大会对贵族们制定的政策和各种方案进行表决。这种对于国家事务的全民参与，对于治国和卫国责任的全面承担，忠实地体现了氏族时代"全体氏族成员共同负责"的政治原则。②

据神话传说和史家考证，中国古代社会经历了从三皇（燧人、伏羲、神农）、五帝（黄帝、颛顼、帝喾、尧、舜）到三王（禹、汤、周武王，即夏、商、周三朝）三大时代。③ 与考古学上所说的

---

① 马克思恩格斯选集（第4卷）[M]. 北京：人民出版社，1972：115.

② 摩罗. 我们拥有三百万年的民主经验 [EB/OL]. http：//www.china-review.com/ eao. asp？ id = 20393.

③ 三皇五帝的称谓最早出自《周礼·春官·宗伯》："外史职掌三皇五帝之书".《战国策. 赵册二》曰："古今不同俗，何古之法！帝王不相袭，何礼之循！伏羲、神农，教而不诛。皇帝、尧、舜，诛而不怒。及至三王，观时而制法，因事而制礼"。则首先明确提出了从三皇、五帝到三王的古史序列。

初民社会（游团和部落）、酋邦和国家三个社会阶段基本对应。① 传说中的三皇时代是中华民族史前的太古蒙昧时代。在这个时期，中华民族的先民人口稀少、生产能力低下，面对强大的自然界，先民必须结成团体通过共同分配共同劳动的手段来维系族群的生存和繁衍，从而形成了平等的初民社会。三皇时代社会生活简单民风淳朴，氏族部落成员之间没有等级之分，没有出现公共权力，"三皇设言而民不违"，② 由原始禁忌衍生而来的风俗习惯出自先民共同的意志并由当时的杰出代表总结提炼而为所有氏族部落成员共同遵守，它的强制力源于初民对于神灵的敬畏，实际上这还是发自人心的内在约束力。回顾历史，无论中国的三皇时代还是古希腊的城邦社会，先民们平等地享有民主权力，事关公共利益的信息毫无保留的公开透明，共同参与公共事务。此时，公共性以其原始的方式本真的实现，与之密切相关的透明度得以原始展现。

事实上，初民社会公共事务信息透明度较高是由初民社会公共性的内容、范围和形式决定的。首先，群体本位社会早期的初民社会，由于生产力水平低下，尤其是生产工具水平十分有限，加上群体规模相对较小，许多公共事务需要群体成员共同实施才能完成，比如对初民来说，大型野兽的捕猎这类公共事务因其"发现—实施"的特性而很难隐瞒信息。这样，公共事务信息的产生与传播几乎同时发生，因此，透明度得到自然展现。其次，消费的共同性和平均性使公共事务信息的保密不具现实意义。据《礼记·礼运》记载：当时"天下为公""而无私耕私织，共寒其寒、共饥其饥"。单个个体的多吃多占就意味着其他个体生存机会的丧失，最终危及群体生存安全。最后，执行社会公共事务的专门机构和成员尚未出现。在初

---

① 张光直. 论中国文明的起源 [J]. 文物, 2004 (1): 76-77.
② 房玄龄. 刑法志 [A]. 见: 晋书 [M]. 北京: 中华书局, 1996.

民社会，仅存在简单的社会性公共事务，社会主要依靠自身的力量实现自我管理，个体之间对公共事务信息的独占或垄断尚未形成，群体共享公共事务信息。可见，对于规模较小的初民群体来说，公共事务信息的公开透明是由当时原初社会公共性占主导地位决定的，原初社会公共性与透明度实现了揭示与被揭示、反映与被反映的高度统一。

2. 透明度的历史蒙蔽

阶级的产生，国家的形成，公共权力异化为私人的专利之后，原属于众人的公共事务的决策权渐渐排斥了公众参与的可能，本身具有公开透明属性的公共事务也渐渐淡出公众的视线。在统治阶级体验到"刑不可知，则威不可测"的妙处之后，对公共事务信息的保密就越发不可收拾，公共信息的透明被蒙上了越来越厚重的阴云。周朝初年制定了刑书九篇（即《九刑》），周穆王时期，大司寇吕侯又制定了一部重要的法律《吕刑》，其主要内容是把夏朝已有的赎刑制度化。尽管有了成文法，但周朝的法律仍深藏于官府，贵族力图保持法律的秘密状态以便"临事制刑"。到春秋战国时代，由于地方经济的发展和诸侯势力的壮大，旧的宗法制度趋于崩溃，中国古代法律也顺应着当时新旧秩序的交替而发生相应变化。此时，周天子的权力衰落无力控制其他诸侯，周王室实际上失去了最高立法权。列国纷纷制定全新的成文法以确认自己的统治地位和社会秩序。当时，晋国制定有"被庐之法""夷蒐之法"，楚国制定有"仆区之法""茆门之法"，但是这些法律都没有公布。[①] 孔子认为"临事制刑，不豫设法"，容易收到"刑不可知，则威不可测"的效果，"令（民）不测其浅深，常畏威而惧罪也"，最终实现"而不生祸乱"的目的。[②] 因此，公元前536年，当郑国的执政子产铸刑于鼎，公布于

---

① 龙大轩，羊思远. 中国古代法律传播方式的演变［J］. 西部法学评论，2008（4）.
② 左丘明著，郭丹译注. 左传［M］. 北京：中华书局，2016.3.

众时，竟引起了轩然大波。晋国的叔向写信给子产说："先王议事以制，不为刑辟，惧民之有争心也。民知有辟则不忌于上，并有争心以征于书""弃礼而征于书，锥刀之末，将尽争之"。[①] 叔向的意思是说，人们一旦知道了刑书的条文，就不会再看重道德，遵守礼仪，而是会去"征于书"，去钻法律条文的空子。由此可以看出，法律作为社会最重要的规范，本应公之于众，广为人知，其处境尚且如此，更不要说被统治者认为皇家私事的租税制度、机构设置、官吏任免、职责权限、权力的运行规则和方式等与"小民无关的"一般公共信息了。

专制社会的实践是公共信息不公开、不透明，与此相应，在专制社会有一套愚民理论指导其实践。老子认为，"古之善为治者，非以明民，将以愚之。民之难治，以其智多。故以智治国，国之贼；不以智治国，国之福"（《道德经·六十五章》），让老百姓什么都不知情（以不知知邦），令行禁止，不仅百姓宜于管制，全国上下就不会存有异心，而相互信任了（邦之德也）。管子相信，老百姓愚蠢是统治稳定的必要条件，所以他说"君明、相信、五官肃、士廉、农愚、商工愿，则上下相体，而外内别也"（《管子·君臣》）。在管仲看来，统治国家就是"牧民"，正如驯化和管理野猪、野牛之类。在管仲之后，许多学派特别是法家的代表人物，如李悝、吴起、申不害、慎到、商鞅、韩非等人，都在各自的学说中提出了"愚民"的主张。商鞅在《商君书·弱民》中说，国家要强盛，必须"弱民""愚民"，他说"故有国之道，务在弱民"。在《商君书·定分篇》中，商鞅还说："民愚则易治也"。为了建立最高统治者的绝对权威，韩非认为必须依靠法、术、势，实行"愚民"政治。他把老子和商鞅的愚民思想推向了极端，反对提高老百姓的知识和文化。

---

① 左丘明著，郭丹译注. 左传 [M]. 北京：中华书局，2016.3.

他说："博习辩智如孔、墨，孔、墨不耕耨，则国何得焉"（《八说》）。韩非认为所有的知识和文化都是没有用的，老百姓有了它，不利于统治的稳定。因此，他除了把一切"文学之士""有能之士""辩智之士"等全部看成是"奸伪无益之民"（《六反》），应当全部清除外，甚至还主张禁止私人著作流传和私人讲学，严格控制老百姓的思想言论，只准学习统治阶级政权公布的法令，只准以统治阶级政权的官吏为师。"故明主之国，无书简之文，以法为教；无先王之语，以吏为师"（《五蠹篇》）。此外，统治者还钳制思想，限制言论自由，"道路以目""文字狱"这样的典型例子史不绝书。

个体本位社会公共事务信息趋向不透明的原因也是由个体本位社会公共性的内容、范围和形式决定的。第一，社会大分工的出现，公共事务日趋复杂。随着生产力的不断发展，生产工具水平的提高，初民的群体规模不断扩大，活动范围也不断扩大，分工协作活动越来越频繁，专业化成为不可逆转的趋势，出现了第一次社会大分工，最初的"采集—狩猎"型活动慢慢发展成"耕种—养殖"型的原始农业和原始畜牧业，原始农业和原始畜牧业的产生导致对公共事务需求大大增加，如灌溉、防洪、治水、道路桥梁、天文历法、祭祀等公共事务不断产生，并且对公共事务的依赖越来越强，这样，像狩猎一类的"发现—实施"型的公共事务活动所占比例越来越小，公共事务信息的产生与传播越来越脱离，这就使公共事务信息为强势个体垄断提供了可能。第二，社会结构发生深刻变革，从事公共事务管理的专门机构和人员开始出现。随着公共事务类型的不断增加和社会对公共事务依赖性的日趋增强，从事公共事务管理的专门机构和人员从一般的生产活动中分离出来，专门进行公共事务的管理和协调。这些机构、人员在公共事务信息掌握和占有方面具有天然的优势，这就为公共事务信息独占或垄断提供了可能。第三，自然和公共事务规律的掌握和利用。那些善于观察、善于思考的个体，在生产实践活动中对一些常见的自然或社会现象进行总结探索，发现了隐藏在事物现象背后的规律性东西，并以此指导自己或群体的实践，使自己或群体认识自然改造自然的能力大大提高，进而在与其他个体或群体的竞争中占据优势地位，这种情况表明现象与事物背后规律的脱离也加大了公共事务信息不透明的可能性。

3. 透明度的艰难复现

公共事务信息公开透明的艰难历程，在"法"这一作为社会最重要的规范的公开上表现得一览无余。"法律不经公布就没有效力"的观念在西方有着悠久的文化传统，这可以追溯到《圣经·旧约》，上帝以"十诫"的形式为以色列人立法——既然连上帝的法律都要公布，那么人间的法律就更没有不公布的道理了。但是法律从秘密走向公开，往往是一个漫长的历史过程，其背后总是存在各种社会因素的相互作用。例如古罗马著名的"十二表法"，就是在罗马面临大军压境、平民又因为不满贵族的债务奴役而退出城外、宣布要另立国家的情况下，作为贵族与平民妥协的成果而制定、公布的。在中国历史上，早在春秋战国时期就开始了法律公布，如公元前536年，郑国的子产"铸刑于鼎"；二十三年之后，晋国也铸刑鼎"以宣示下民"。然而，这样的例子在人类历史的长河中寥若晨星，曾经显得是那么难能可贵。综观古今中外，对于绝大多数国家和民族的法律史来说，法都经历了"秘密法"这样一个不可逾越的阶段。法的公开的最重要的意义在于打破了国王、贵族、僧侣、祭司等对法律的垄断，使深藏于"神龛"之中，专门为有特权的少数人所知道的法律从秘而不宣的秘密状态中解脱出来。以"事断于法"取代"临事制刑"，改变了"刑不可知，则威不可测"的传统做法，这有利于破除奴隶主贵族的等级特权制度，初步奠定了实行民主与法治政体的基础，人类进步的伟大程序就这样缓慢而艰难地展开了。事实上，法典一经公布，就为一个特定社会的执法者和守法者所共知，作为一种公开的、具有极大的普遍性和确定性的形式，法律从此获得"共知性"和"双向约束性"的特点，民众就有可能以法律为武器与统治阶级的强暴与专制作斗争，从而实现某种程度上的公民权利对国家权利的监督与制约（尽管阶级社会的法律维护的是统治阶级的利益）。今天，"法律不经公布就没有效力"这一原则也已得到各国公认，如世贸规则就规定："成员方应迅速公布和公开有关贸易的法律、法规、政策、措施等，司法判决和行政裁定在公布之前不得提前采取措施"。①

公共信息的公开透明伴随着个人对权力的诉求（尤其是知情权）而逐步推进的。事实上，追根溯源，对人的权利的保护可以上溯到 13 世纪初期的英国。早在 1215 年，英国大宪章（Gread Chater）中就已承认刑事控诉权，此后几个世纪，英国的普通法扩大了对个人权利的保护范围。17 世纪，英国通过了一系列的法案来限制王权，与此同时，加强了对公民权利的保护，如 1679 年的《人身保护权法》、1689 年的《权利法案》和《宽容法案》，从而确立了议会议事录的出版制度以及为出版而阅览公文的权利制度。② 1765 年，亚当斯在《波士顿报》发表文章宣称有知识的公民是反对英国统治的最有效的手段。亚当斯断言："无论何时，只要知识和理性在人民中盛行，政府的独裁和各种压迫就会相应地减少和消失""新闻是公众了解政府信息的一种基本工具"。③ 伴随着亚当斯的这些言论，北美大陆民众在殖民地政府中的政治参与有了很大提高。1764 年，弗吉尼亚州通过了一个议案，在立法机关设立一个公共展览馆以方便新闻记者和公众了解议员的辩论。1766 年 5 月，波士顿的地方议会在州议会下院公开进行辩论，并于 6 月也建立了一个公共展览馆。

---

① 宣增益. 世界贸易组织法律教程［M］. 北京：中信出版社，2003：27.

② 颜廷锐. 透明政府的起源及其在当代的发展［J］. 理论与改革，2003（3）.

③ John Adams, A Dissertation on the Canon and Fedual Law, in Papers of John Adams, ed. Robert J. Taylor et al. , vol. 1Belknap Press of Harvard University, 1977, p108.

1744 年，大陆会议通过了魁北克宣言（Quebec Declaration），该宣言认为，新闻自由对行使评论政府行为的权利极为重要，这是北美大陆官员首次肯定新闻自由是公民的天然权利。当 1766 年大陆会议宣布美国独立之时，美国公民的知情权又被赋予新的含义。美国独立宣言的制定者和宪法的起草者认为，个人的基本权利是自然的和不能转让、剥夺的，且这种权利不依政府的赏赐而获得。这些权利是与生俱来的，是人对生存，自由和追求幸福具有不可转让之权利。①

1766 年瑞典颁布实施的《出版自由法》规定，为了出版公众有权阅览公文等文书。1789 年法国的《人权与公民权宣言》规定：社会有权要求全体公务人员报告其工作，这已经体现了公众知情权的理念。1791 年，詹姆斯·威尔逊在美国第一届国会上提出了"人民有权知道他们的代表正在做什么、已经做了什么"的政治观点，这是知情权概念的首次出现。"二战"之后，作为基本人权的知情权普遍受到了重视，各国学者纷纷展开了有关知情权的研究，许多国家的宪法对知情权予以确认和肯定。② 1946 年日本宪法规定，"保障集会、结社、言论、出版自由及其他一切表现的自由；不得进行检查；不得侵犯通信秘密"。③ 1949 年《德意志联邦共和国基本法》第 5 条第 1 项规定"人人有自由采访可允许报导消息的权利"；第 42 条第 1 款规定"联邦议院的会议公开进行"。1951 年芬兰颁布实施的《文件公开法》将公民的了解权从报导的自由权中分离出来，作为独立的权利予以确认。此外，保加利亚宪法、捷克斯洛伐克宪法、菲律宾宪法等也相继明确或认可了知情权。④ 1946 年联合国第 59 号

① 颜廷锐. 透明政府的起源及其在当代的发展 [J]. 理论与改革, 2003 (3).
② 黄德林. 略论美国"情报自由法"之形成与发展 [J]. 法学评论, 2000 (1)：47.
③ 日本情报公开法研究会. 情报公开制度要点 [M]. 东京：行政社, 1997：57.
④ 陈维旭. 浅析政府信息公开的法理基础 [J]. 长沙铁道学院学报（社会科学版）, 2007, 8 (1).

决议宣布知情权为基本人权之一，《世界人权宣言》第一次在世界范围内将知情权作为一种基本人权。1966年联合国《公民权利与政治权利国际公约》第19条规定"人人有自由发表意见的权利；此项权利包括寻求、接受和传递各种消息和思想的自由"，这就以国际法的形式肯定了公民的知情权。可见，知情权已为当今世界各国宪法性法律所普遍确认，政府信息公开是保证人民群众在知情前提下实现民主权利的前提。①

今天，公共事务信息的公开透明已经成为时代的趋势和历史的必然。其背后的深层原因仍然是不同时代公共性的内容、范围与形式。第一，从公共事务信息透明度的艰难复现之初就具有鲜明的市场经济时代公共性的印记。建立在市场经济基础上的民主社会中，科技的进步、机械的发明与广泛应用、电力的推广与普及，极大促进了社会生产力的发展，为个体经济地位的独立提供了物质基础，在此基础上，个体意识大大觉醒，民主意识增强，启蒙运动具有了坚实的物质与民众基础，公共事务信息的公开透明作为公民的基本权利载入史册。第二，由于信息时代公共性的特点决定了透明的程度与实现方式。信息时代社会生产力的发展水平大大提高，信息成为生产力最重要的要素之一，导致公共事务信息的公开透明以前所未有的趋势迅速推进。在信息时代，网络无处不在，无时不在，公共事务信息与社会信息的产生与传播又趋向"产生—传播"的一体化，公共事务信息的公开透明具备了坚实的物质基础与技术支撑。同时，网民作为具有民主参与和监督意识的公民日益成为公共事务信息的即时接受者与传播者。

尽管如此，公共信息公开透明的道路依然漫长，美国也直至

---

① 陈维旭. 浅析政府信息公开的法理基础 [J]. 长沙铁道学院学报（社会科学版），2007，8（1）.

1966 年才制定了"行政机关依职权或依申请向社会公开政府信息"的《信息自由法》，经济合作组织（OECD）在一次有关透明政府的圆桌会议上，认为在理论上看透明政府有很多益处，但是在实践中不容易实现。这是因为透明政府的整个体系要持续让全社会介入是很困难的。这也许道出了诸多国家在实施政府公开过程中的困境，正因为如此，在全世界范围内，直到今天才有部分国家制定了有关透明政府方面的法律。吉姆·罗沃（Jim Rohwer）1995 年在其《亚洲的崛起》一书中依然悲观地指出，"亚洲的一个最大弱点和可能惨痛伤害它的唯一缺陷"，是"弱制度，不透明"的制度环境。①

3.2 透明是现代财政本质的揭示与显化

公共性是现代财政的本质属性，透明是对现代财政公共性本质的揭示与显化。公共性与透明度是一个问题的两个方面，公共性是第一位的，它内含公开透明的要义，透明是内生的，它起到显化、保障与实现公共性的作用。透明既是现代财政公共性的应然要求，又是实现现代财政公共性的必要途径，现代财政正是通过公开透明保障公共性本质得以实现的。

3.2.1 透明的实质是现代财政本质的揭示

现代财政的本质特征是财政管理的公共化和民主化。现代财政即是按照民众的意愿、通过民主的程序、运用民主的方式来理政府之财的制度。简言之，就是"集众人之财，办众人之事"。政府活动的透明是宏观经济中财政持续性、良好治理和财政总体公正性的重要前提。提高透明度可以为公共财政创造一个良好的环境，不仅

---

① 吉姆·罗沃著，张绍宗译. 亚洲的崛起［M］. 上海：上海人民出版社，1997.

是民主政治的基础，也是实现政府治理的根本，更是现代财政本质的揭示。

1. 透明是现代财政本质的内在价值

从不同类型财政的本质来看，家计财政的核心是维持专制统治，国家财政的核心是实现政府职能，而现代财政的核心则是满足公共需要。公共需要具有"从群众中来，到群众中去"的特性，公共需要的这一特性决定了现代财政的透明本质。从需求方来看，公众对公共产品的需求是由众多的个人需求综合而成的，个人对公共产品的需求量取决于他对该物品带给他的收益与成本的评价，而公众在对公共产品的收益与成本进行评价的前提是以财政信息的获得为依据的，财政不透明或透明度不高，都会导致公众及其政治代表脱离实际的判断，产生对公共产品不恰当的需求。从供给方来看，作为公共产品提供者的政府，也需要充分、准确的公共需要信息为其决策提供依据，按照公共产品和服务的成本与财政状况来决定所能提供的公共产品和公共服务的内容与规模。因此，现代财政要履行好为公众提供公共产品和公共服务的职能，必须做到"从群众中来，到群众中去"，而这样做的前提就是公开透明。可以说，透明是现代财政本质的内在价值。

从公共产品和公共服务的提供方式来看，政府作为公众的受托人根据公众委托进行公共生产、提供公共产品与服务。这种方式有三大特点：一是财政收入来源的无偿性。政府依托强制性的超经济的权力，以征税、收费和没收等方式，从私人手中无偿地获得收入。二是收入与成本的非对称性。财政收入与经济规模呈线性关系，但与政府提供的公共产品和服务质量与水平却不直接相关。三是激励不足的长期性。在强制性的收入汲取能力、弱约束的评价体系和缺乏激励机制的制度框架下，不透明成为政府的理性选择。提高财政透明度能够揭示和显化政府提供公共产品和服务的成本与成效关系，遏制政府的自利行为，迫使政府的目标函数尽量向公民的目标函数靠拢，从而有效降低代理成本，高效地提供公共产品与服务，最终使现代财政成为名副其实的满足公共需要的财政。

现代财政是治理型财政，透明是现代财政治理结构的内在要求。根据国际货币基金组织（IMF）的《财政透明度手册》，财政透明度是透明度问题在公共财政领域中的延伸，是一个与公司财务透明度相对应的概念。柯波茨（Kopits）和克雷格（Craig）于 1998 年对财政透明度做出了权威的定义：向公众公开政府的结构和职能、财政政策的意向、公共部门账户和财政预测。该定义其实是描述了一个财政信息公开的结构，可分为四个层次：一是关于政府和公共部门构成与各自职能的信息，结构和职能是否合理、是否存在机构重叠和臃肿、冗员等是决定财政支出规模的重要因素。二是政府准备提供怎样的公共产品以及如何提供等方面的政策信息，可据此了解财政支出的依据与合理性。三是会计信息，反映支出的具体经济内容。四是财政收支预测。这些信息基本满足公众对财政收支情况的了解需求。但是，如果没有构建起公共财政治理结构，即便按此信息结构披露财政信息，也仅仅是一种媒体信息，那么，在纳税人公共权力授予权和监督权缺位的情况下，纳税人针对公开信息的意愿就难以形成对政府的制约。[①] 因此，现代财政作为治理型财政，首先要通过提高透明度来构建和优化自身的治理结构，并以此为基础来实现现代财政的公共性本质。

2. 透明是现代财政契约精神的显著特征

从形式上看，财政透明度强调了财政信息公开以及信息本身的范围和质量，但究其本质则体现了社会契约的精神。财与政的关系

---

① 李延均. 财政透明度的有效性：基于制度和文化环境的分析 [J]. 理论学刊，2009 (10).

密不可分，如影随形，财政是政府在经济上的体现。政府财务报告不仅是作为政府财务信息的载体而存在，而且也是政府重要的信息沟通制度。由政府作为代理人向作为委托人的社会公众提供财务报告，是社会契约得以有效履行的保障机制之一，也是政府履行其公共受托责任的有效途径。由于政府财政活动的利益相关者众多，更加凸显出提供政府财务信息的重要意义。可见，政府财务报告的制度特征与财政透明度的本质要求是一致的，共同致力于反映和强化政府的公共受托责任。因此，通过涵盖从预算编制、预算批复、预算执行、预决算报告到评价监督的政府财政活动全过程，以财务数据的形式记录和反映政府活动的财政信息公开制度，为"公共契约"的履行提供了有效的评价工具和制度基础。这是公共权力的契约本质在财政上的体现。

公众是现代财政资金的提供者，监督政府使用现代财政资金并保证其使用的效率是公众的应然权力。但在现实中，由于财政信息为政府所拥有，公众处于被动的不利地位，政府与社会公众之间存在严重的信息不对称。在财政支出规模不断扩大成为世界各国普遍趋势的情况下，财政支出的扩大表明政府受托责任的扩大，但也意味着政府提供公共产品和公共服务存在低效率的隐患。因此，提高财政透明度、尊重社会公众知情权和监督权是政府履行社会契约、强化公共受托责任并实现当代政府存在合法性的有效途径。

3.2.2 透明度是现代财政本质的外在度量

公共性是现代财政的本质属性，透明是对现代财政公共性本质的揭示与显化，透明度是现代财政本质揭示与显化的外在度量，二者是一个问题的两个方面。透明是现代财政公共性的内在价值，透明度是度量公共性本质的外在工具。为此，从透明度是衡量市场经济财政、民主财政和法治财政的标尺角度进行全方位论述，这些角度可以说是揭示现代财政本质的不同视角和侧面,通过这些视角和侧面可以进一步验证现代财政的公共性与透明度之间的逻辑联系。

1. 透明度是衡量市场经济财政的标尺

市场经济是信息经济。市场经济实际上是将所有人的信息、知识、智慧、才能及创造力都汇集起来的制度安排,其中,信息是诸多要素发挥作用的催化剂与黏合剂。在市场经济条件下,每个人的收入高低实际上取决于其所掌握的知识和信息以及在这些信息基础上所做出的决策,决策正确就会在市场竞争中占据优势,就会获得较高的报酬,而决策失误则会受到市场的惩罚。要素所有者只有充分利用自己所掌握的市场供求信息,才能将自己的生产要素投入到最佳的用途上以最大限度地获得报酬;消费者只有充分利用自己所掌握的市场供给信息,才能在市场上获得能真正给自己带来最大效用的产品;生产者只有充分利用其所掌握的技术知识和市场需求信息,才能不断地开发潜在的或新的市场需求,才能以成本最低的资源或要素组合,并以最有效的方式迅速生产消费者最需要的产品,从而在市场上取得最大利润。① 反之,如果存在信息资源的封锁、割裂和不平等获取的状况,市场经济就没有诚信基础,没有回避风险、成本最低化和利益最大化将不可能,必将大大地增加经济运行成本和企业决策的机会成本。只有在信息充分透明的情况下,市场经济通过市场调节手段达到社会资源最合理的配置才能实现,只有这样才能保证公众选择的最优合理性,这也是一个正常社会各方面合力最优性的充分保证。同时,市场经济也是竞争经济。信息的透明和可获取是公平竞争的重要条件。决策的分散化是市场经济的特点,也是市场机制发挥作用的前提,而信息的公开透明是决策分散化的基础。因此,在一定程度上可以说,信息尤其是公共事务信息的透

---

① 江春. 对市场经济的新认识 [J]. 经济社会体制比较,2003 (3).

明度是检验市场化程度的标尺。

现代信息经济学认为，市场经济中经济主体掌握的信息总是不完全的，要获得更多的信息，需要付出"信息搜寻"成本。此外，市场在交易中总是存在信息不对称，交易一方总是比另一方有着更多的信息或有着更低的信息搜寻成本。由于市场经济主体在交易中是根据自己所拥有的信息做出决策的，信息不完全和信息不对称必然导致市场失灵，资源配置偏离帕累托最优。因此，政府作为最主要的信息生产者、使用者和发布者，保证公共信息的公开透明对市场经济体制的建立和完善具有十分重要的意义。首先，公共信息的公开透明能有效消除不确定性。不确定性是市场决策的主要障碍，而透明是对不确定性的消除与否定。公共事务信息是否公开透明，政府能否向市场和社会提供充分、可靠的信息，政府的决策是否有充分的透明度，对于市场经济的正常运转是必不可少和极为重要的。市场需要依靠政府来提供可预见的信息，让投资者、雇主、受雇者和消费者都有一个充足的心理准备，能根据已有信息及信息的可预见性来预测他们未来的行为。其次，公共信息的公开透明能提高可预见性。透明度原则使政府难于轻易改变游戏规则来确保投资与贸易的市场环境具有更高的可预见性。能否获得准确而充分的信息也将影响到企业的效率和竞争力，政府财政税收制度、政策的制定和调整对企业计算成本、收益、风险和潜在市场等都有直接的影响，关系到企业的成败。再次，公共信息的公开透明能有效降低交易成本。透明度的提高则能够改进市场信息的传播和准确性，降低交易成本，是经济效率的关键所在，也是使市场免受政府任意干预的有效手段。透明度的提高可以使企业和公众获得政府掌握的诸多宝贵信息，有效地帮助企业和个人分析市场、考察社会、安排经济活动和社会活动，使社会资源得以合理分配，避免不必要的闲置和浪费。最后，公共信息的公开透明能激励创新和优化资源配置。通过政府信息公开制度，政府可以为人们提供广泛、便捷的获取各种信息的途径，有利于新技术、新产业、新文化的推广和应用，让各种智力资源和物质资源得到合理配置，让知识转化为现实的生产力，从而推动市场经济的发展，提高国家的整体竞争力。可以说，市场经济的本质是信息经济，信息对称是市场充分发挥资源配置作用的基础条件，也是政府矫正市场失灵的着力点和落脚点。

现代财政与市场经济相伴相生，通过财政信息的公开透明为市场主体提供必要的决策依据，并因之成为政府矫正市场失灵的重要手段。可见，作为与市场经济契合的财政类型，透明度是衡量现代财政的重要标尺。具体而言，财政信息是政府最重要的信息之一，也是市场主体最为关注的信息之一。财政透明的重要性在于财政涉及公共资源的配置是政府履行国家职能的物质基础。而且，财政预算的相关信息是一般社会大众与金融机构评估政府目前及未来财务状况最重要的账本，与金融市场乃至于整个经济体是否有效运转息息相关。财政透明所诉求的，是将取之于民的公共资金能否按照用之于民的原则高效地提供公共产品和服务这一真实情况公之于众并接受公众监督制约，以确保上述目标的实现。从现代财政的本质来看，现代财政的本义在于矫正市场失灵，通过政府在信息方面的优势弥补市场主体信息不对称的劣势，这也是市场经济下现代财政公共性的表现，如果财政不透明，亦或只向部分市场主体透明必将加剧市场失灵。这表明，透明度是对现代财政公共性本质的揭示，透明程度如何可以反映现代财政公共性的实现程度。

2. 透明度是衡量民主财政的标准

就民主的公开透明来看，它是民主决策的前提。民主本身就是一种公开，民主社会就是一个公平、开放的社会。列宁曾经指出，"每一个人大概都会同意'广泛民主原则'要包含以下两个必要条件：第一，完全的公开性；第二，一切职务经过选举。没有公开性而谈民主制是很可笑的，并且这种公开性还要不仅限于对本组织的成员"。① 由此可见，列宁十分重视公开性问题，并将信息公开看作民主制的"必要条件"或基本标志。列宁还把公开透明与选举制、普遍监督等作为党内民主的基本内容，并进一步指出："对于党员在政治舞台上的一举一动进行普遍的（真正普遍的）监督，就可以造成一种能起生物学上所谓'适者生存'的作用的自动机制。完全公开、选举制和普遍监督的'自然选择'作用，能保证每个活动家最后都'各得其所'，担负最适合他的能力的工作，亲身尝到自己的错误的一切后果，并在大家面前证明自己能够认识错误和避免错误"。② 这就清楚地说明，民主作为国家制度，只有它才是为人民而存在的，人民也只有通过它，才能向前发展，在未来社会实现每一个人的自由而全面的发展。事实上，人民主权原则的践行需要以政府信息公开为前提。民主的实质就是公民当家作主，即公民参与决策与实施监督，而公民要实践主权者参与的权利，必须以取得足够信息形成理性的判断为基础，信息的公开透明是民主决策与民主监督的前提。

透明是构建民主财政的制度基础。政府生产和提供公共产品和公共服务是人类社会需要政府的理由。由于存在"搭便车"、外部性、自然垄断等市场失灵，市场无法或有效生产公共产品和提供公共服务，纳税人为了共同的利益采取自愿降低可支配收入向政府纳税的形式为公共治理提供了生产资源，这就是民主财政的根源所在。财政民主的实际内容就是私有财产权对国家财政权的制约，因此，公开与透明是政府的基本要素，公民有权"隐瞒"自己的秘密，而公共事务的处理则要向公民公开，公共职位的产生要向社会开放，

---

① 列宁全集（第6卷）[M]. 北京：人民出版社，1986：131.
② 列宁全集（第6卷）[M]. 北京：人民出版社，1986：132.

现代财政管理和一切公共权力要接受社会的监督。财政是不是公开透明、是不是由人民来批准和监督，是反映政治民主的重要标志。"看不见的政府"很可能是不负责任的政府，民主财政必是透明的财政。

3. 透明度是衡量法治财政的标志

现代财政从诞生之日起就具有法治财政的鲜明特性。而法治本身就要求将相关法律法规公之于众，公开透明是法治的应有之义。透明意味着关系公民利益信息的无损耗传播。只有如此，才会有增强公权力机构的合法性，提高管理对象的认同程度。但是，对于公权力机构的约束必须有程序化的硬性规定，才能保证政治规则的透明过程。因此，政务信息公开化、法治化不仅是保障公民权利的必然要求，也是监督行政作为合法化、防止"暗箱"操作的有效措施。在行政程序法中确立程序公开制度，是现代民主政治发展的基本要求。政府信息公开也是强化政府合法性的要求。政府诚信能够为合法性政府加码，而信息公开则是政府诚信不可或缺的要件，即信息公开能够强化政府的信誉度，增强政府的合法性。这是因为，政府以法律为其存在依据，合法性是政府存在的基础。随着经济、社会和技术的快速发展，政府诚信已经表现为一种政治秩序的地位广泛地为人民所接受。简言之，不讲诚信或诚信不足的政府是不合法的，是不被人民所接受的；而信息封锁或公开不足甚至传播歪曲信息的政府很难达到理想的诚信高度。从逻辑上讲，政府信息公开不理想的政府难以为合法性增加筹码。正义是法治的灵魂，而正义来自公民的认同和尊崇，公民的认同和尊崇又来自信息的公开透明，即正义要以看得见的方式实现。因而，可以认为，信息公开透明程度是衡量法治化程度的标志。

在现代社会，现代财政作为法治财政体现在各国完备的法律体系和法治文化之中。其中，对财政公开透明的规定成为法治财政的核心内容。一国关于财政公开透明的法律制度完备与否，执行情况如何，成为判断该国法治财政建立的重要标志。从法治财政建设较好的国家来看，其财政公开透明的法律制度主要反映在宪法、财政管理法和预算法以及有关宪法性文件中。公开性和透明性，是其预算法的重要原则之一。透明性原则，即除涉及国家安全、国防等特殊领域外，政府应确保财政政策目标制定、财政政策实施和财政账户公布的透明度，通过提供充分的信息，使人民能够对政府的财政管理活动实行有效的监督管理。1787年9月17日美国制宪会议通过《美利坚合众国宪法》，其中第1条第8款规定：一切公款收支的报告和账目，应经常公布。1791年8月通过的法国宪法第3章第3条规定由部长或经管人签署并证明的各部支出细账，应在每次立法议会会期开始时印刷公布之。各种赋税和一切公共收入的收支状况，亦应以同样方法公布之。此等收支状况应按性质加以分别，并应说明各县每年的收支金额。各郡有关法庭、行政机关及其他机关的特别支出亦应公布之。《意大利共和国宪法》第91条规定：内阁必须定期，至少每年一次，就国家财政状况向国会及国民提出报告。1946年11月3日公布的日本国宪法第91条规定，内阁必须定期，至少每年一次，就国家财政状况向国会及国民提出报告。① 以上这些国家的宪法和法律关于对财政信息公开透明的规定表明，透明度是法治财政关注的核心问题。

3.3 透明是推动现代财政建立的必要途径

透明度是基于公民知情权基础上的公共事务信息的公开程度。财政透明度本身不是目的，它是促进效率、保障政府和官员负起责

---

① 傅光明. 论公开性是现代财政的重要特征［J］. 财政与发展, 2005（2）.

任的一种方法。它的目的是通过财政信息的公开透明、接受社会公众的监督与民主参与而保障现代财政有效地提供公共产品和服务，更好地实现现代财政的公共性。在此意义上，财政透明度逐渐成为衡量现代财政公共性的一个标尺。

3.3.1　透明是实现现代财政公共性的基本手段

公共性是现代财政的本质特征，公共利益是现代财政的根本诉求，公共产品是现代财政的基本依托，公共治理是现代财政的核心目标。公共性本身就包含透明的要义；公共利益是公共性的集中体现，并且公共利益的实现需要透明予以保障；公共产品是公共性的外在形态，公共产品的有效提供需要透明予以监督；公共治理是公共性的实现途径，公共治理需要借助透明予以顺利实施。因此，透明是实现现代财政公共性的基本手段。

1. 透明是实现可进入性的必要前提

"可见、可议、可进入"是公共性内涵的核心要义。公开透明既是公共性的内在要求，又是保证公共性实现的前提条件。政府部门掌握80%的社会信息资源，因此，占有和控制着大量信息的政府如果将这些信息秘而不宣并钳制言论自由，那么公众实际上就无计可施，很难找到有效的替代路径。公开透明是现代行政的核心理念，是社会公众对应该享有权利的强烈诉求，而公众对公开透明的反面即信息保密所持的深恶痛绝的态度，其根本原因在于：信息保密培育了滋养特殊利益集团的肥沃土壤；增加了管理租金，加大了交易成本；使民主过程中的公众参与大打折扣；使媒体舆论无法形成对政府滥用职权的监督制衡机制。更为甚者，信息保密的危害是致命的：为了保密，政府的决策者通常限定在一个很小圈子里，那些具有远见卓识的优秀人才往往被排除在讨论范围之外，长此以往，政府的决策质量和决策能力也难免差强人意；而这就形成了一个恶性循环，随着政府决策失误的增多，政府官员怕承担责任，转而寻求自我保护，信息就更不敢公开，决策圈子变得更小，决策质量也就每况愈下。①

公共事务信息不透明严重制约了公民参政议政的能力，即严重制约了公民对公共事务的可进入性。一是信息不透明导致沟通渠道单向化。政治的有效运行，既有赖于良好的沟通途径，又需要对民意的高度重视。社会公众对有关公共事务的意见或建议，特别是合理的意见和建设性的建议往往因难以及时进入沟通渠道而得不到及时、有效的反映和重视。二是信息不透明导致沟通主体缺位。信息不透明导致公众对政治的茫然无知，极大地限制或打击了其参与政治沟通的能力与热情。信息理论认为，透明等价于公平。而信息不透明就意味着没有公平可言。从现实来看，政府是信息的拥有者和输出方，社会公众是信息的需求者和接受方。政府在信息方面具有天然的优势，政府一方是处于垄断地位的强者，而处于分散、个体状态下的社会公众自然处于劣势。这种天然的不平等在政府保密意识很强的情况下难免会使社会公众陷于政治上的茫然无知的境地。这种状况就会导致政治沟通受阻。三是信息不透明导致公众监督弱化。在信息不透明而政治沟通十分困难的情况下，政府利用其自身的技术优势和垄断地位，使以下两种情形的公众监督弱化。一种情形是政府拒绝公开某些公众本应知道的信息，封锁许多涉及公众利益的规范性文件而不向利益关系人和公众公开，只被政府部门作为执法的内部规定。这就起到"临事用刑，威不可测"的效果，进而实现政府利益的最大化。另一种情形是政府对社会公众本不知道的信息的刻意隐瞒。这种情形本身具有见不得人的特点，往往与腐败

① 斯蒂格利茨著，宋华琳译. 自由、知情权和公共话语——透明化在公共生活中的作用 [J]. 环球法律评论，2002 (3).

相关。社会公众由于不掌握信息，缺乏统一的集体行动的强大动力，难以判断政府不正当或不合法的行为，这无疑为官员们提供了抵御外界批评监督的借口。这种情形存在加剧公共权力的腐败，败坏了社会风气，使非正式沟通机制取代了正式沟通机制。四是信息不透明导致政治沟通系统效力低下。政治沟通常见的命令主义、形式主义的单向式政策性规定，使其他主体尤其是社会公众对自上而下的政治信息持无所谓甚至是怀疑的态度，使整个政治沟通体系的权威性、可信度受到很大程度的动摇。同时，低水平的政治沟通体制既难以有效规范和约束沟通主体的行为，又无法对政治信息进行科学评判、吸纳和剔除，使中国的政治沟通呈不均衡状态。① 公共事务信息不透明使公共事务的"可见、可议、可进入"的本质属性受到严重扭曲，公共事务的公共属性因而处于蒙蔽状态。

"如果一个全民政府没有全民信息，或者说缺乏获取这种信息的途径，那么它要么是一出闹剧的序幕，要么就是一出悲剧——也可能两者都是"。② 政府不保持公开、透明，人民的知情权和参与权是无从实现的。"可见、可议、可进入"也是公共性的判断标准，这从私密性的保密特性也可以得到反面印证。保密常常具有社会学上的仪式功能，许多私人俱乐部都有严格的保密仪式。俱乐部成员之间共享某些秘密，却严格向外界保密，在某种意义上秘密（或暗号）成了辨别俱乐部成员的一种标志。俱乐部通过自身的"惩罚"机制使每个成员都要服从保密的约束，保密是成员必须遵守的行为准则，保密也是成员的伦理价值判断和应尽的一种责任。因此，要实现公共性的"可见、可议、可进入"的应有之义，必须保证公共

---

① 侯琦，魏子扬. 信息不对称对我国政治沟通的影响及对策 [J]. 理论前沿，2004 (11).

② 程洁. 宪政精义：法治下的开放政府 [M]. 北京：清华大学出版社，2002：147 - 148.

事务信息的公开透明，防止公共事务信息成为政府决策部门和决策者之间牟利的秘密。大量的信息公开之后，公民和政府信息不对称的状态从根本上发生改变，这样公民才有可能和政府进行真正的互动。同时，参与激发了一个人的公民意识，强化了他的社会责任感，其结果就是再次增加人民公共参与的程度，也成就了政府的正当性与合法性，因而，最终实现政府的公共性。

2. 透明度可以降低公民参与成本

公众参与的范围和事项的广度就是衡量民主发展的尺度与标准。民主能真正实现的前提就是公众能够详细了解和容易参与政府的活动。民主与公开具有天然的联系，既没有不公开的民主，也没有不民主的公开，民主的程度与公开的程度成正相关关系。然而，离开了公共事务信息的公开透明，公民参与尽管可能，但必将付出高昂的代价。

透明度可以降低公民参与成本。根据公共选择的观点，参与是有成本与付代价的。民主政治以民意为依归的理念，必须由层层授权关系才能完成，因为凡事都由人民参与决策，交易成本太高，根本是不可能实现的，充分讨论的民主最重要应该考虑的也是经济议题，即参与本身是有成本的。如果个人搜集政治信息的成本不为零，个人就会依照各自的效用函数，选择在某些议题上保持无知，改由领导者、传播媒体寻找成本较低廉的信息，作为自己决策的参考，而选举的参与上，公共选择学派提出"人为何投票"的问题，充分展现参与的集体行动与参与成本问题。换言之，一个人要成为积极参与的公民，是必须付出经济上的代价，事实上，对于公共事务的参与，人们也常存在"搭便车"的想法，他人在公共事务上的付出，其利益是没有排他性的。对于民主政体运作成本概念的认知，也会直接影响学界对于公共性追求的思考。布坎南在1962年就提出民主决策的最适决策规则的论述，他认为，公共决策的本质，存在两项成本之间的取舍问题：一是外部成本，某部分人的公共决定可能对未参与决策者产生成本；二是决策成本，意指越多人参与决策，必须集体付出越高的决策成本。为了降低外部成本，我们必须吸纳更多的民众参与讨论，但是讨论的时间会越来越长，程序与内涵都会越来越复杂，决策成本因而升高。因此，公共行政推动公共性的行动，如果是诉诸民主社会大众参与，我们不能忽略为处理参与本身及其所引发集体行动问题所带来的成本问题。这一参与成本问题解决的最好途径就是公共事务信息的公开透明。

3.3.2 透明推动现代财政的建立与完善

透明是良好治理的核心要素（OECD，2001）。联合国开发计划署（UNDP）指出，财政透明度的提高，可以使公众直接了解有关程序、制度和信息，获取充分信息以便理解和监督政府。财政透明有助于提高政府治理效率，成为政府制定正确经济政策的前提。在法国艾维昂举行的2003年西方八国集团峰会上，各国政府和国家首脑们声称，提高政府财政收入与支出的透明度将有助于增强政府决策的正直高尚，从而保证包括发展援助在内的资源能够实现既定目的。有效的社会、经济、政治决策，建立在充分、及时和准确的信息基础上。

1. 透明是构建现代财政良好管理框架的核心内容

财政透明是实现良好公共治理的基本条件，它是实现宏观经济稳定与增长的重要前提。从委托代理理论来看，公众是委托人，政府是代理人，在其他条件一定的情况下，要提高透明度，应致力于加强对代理人的治理。但是，透明度的提高因委托人所采用的治理机制不同而显著不同：一是"退出"治理机制，即当代理人有损委托人利益时，委托人通过中止与代理人之间关系来制约；二是"发言"治理机制，即在继续维持相互间关系的同时，"委托人"通过向"代理人"提出警告而予以制约。"退出"取决于代理人的绩效，而委托人并不关心绩效产生过程及结果的信息；"发言"则不同，在代理人绩效很差的情况下，委托人通过提出警告，而不是替换代理人的方式来促使其提高绩效，因而委托人需要跟踪监控代理人绩效不佳的原因甚至其绩效产生的整个过程。所以，使上述跟踪监控成为可能的信息公开及提高透明度对于"发言"形式的治理机制甚为关键。① 但国民与政府间的委托代理关系，以及与其他委托代理关系有着显著的差别：一是代理方（政府）的强大而单一，委托方（公众）的弱小而海量。由于政府是被海量公众广泛而分散"持有"，每个公民从政府那里获得信息的动力较低。尤其是政府的透明度越低，收集信息的成本就越高，公民行使监督的能力也就越低，政府更趋于不透明。二是公民无"退出"选择权。理论上公众可以通过在国与国之间的迁徙实现"退出"选择权，但这种选择权往往不现实。因此，对政府进行纠偏时无法施用"退出"的选择权。政府和公众这种独特的委托代理关系，使"发言"机制在改善财政透明度方面显得愈发重要。只有通过构建透明的现代财政，委托人对代理人的制约与纠偏才有可能落到实处，公众才有"发言"的依据和改善公共治理的愿望。政府提高财政透明度还使得公众能更容易进行政策评价，使媒体等相关机构能更踊跃提出政策建议，从而可以活跃政策竞争，提高政策质量。

提高财政透明度对政府有效治理至关重要。首先，提高财政透明度，能够提高政府的行政效率和政府的合法性。通过政府与公众之间信息交流的公开性、及时性和充分性，提高政府的回应力，促使政府对公众提供公共产品和公共服务的数量、质量与方式发生根

---

① 鹤光太郎.政府的透明度（第一部分）——改变国家"形态"的突破口［EB/OL］. http：//www.rieti.go.jp/users/ tsuru-kotaro/cn/c030707.html.

本性转变，从而增强政府的合法性。政府的传统治理模式具有行政权力过于集中的特点，政府的信息特权和决策的倾向性得到强化，政府习惯于强制推行其政策，结果增加了政府与公众之间的矛盾，政策目标往往不能实现，政府的治理效率低下。提高财政透明度客观要求政府必须转换行政方式，通过信息网络系统改变传统的部门分割运行状况，实现政府部门与公众相互关系的重组。其次，提高财政透明度，能够提高政府决策的科学化。政府通过增强与公众信息交流的"诚实性"和"共同理解性"，积极吸纳民意，及时对决策进行纠偏并继续在与公众交流中予以重新验证，进而促进政府决策的科学性。实现政府决策的科学化不仅要求组织系统的中枢机构、咨询机构、信息机构和监控机构的设置完整、功能齐全，而且要求机构之间运转协调、结构合理、沟通畅通。传统的政府决策组织系统存在诸多缺陷，如组织机构要素不完备，政府只注重决策的中枢机构而忽视咨询机构，只注重执行机构而忽视监督机构，机构之间的整体功能与内部联系发挥不足，机构庞大臃肿并缺乏与外界的交流和适应环境能力等。这些缺陷造成了政府决策信息的阻塞和决策信息的"有效需求"不足，以至于政府组织结构缺乏弹性和适应力，使决策活动无法应对环境的复杂性而失去决策效率。最后，提高财政透明度，能够提高政府决策的民主化。基于现代信息技术基础上的财政信息公开，促进政府改变传统的科层管理，减少中间管理层，使决策组织体系趋于"扁平化"，使政府能够及时了解社会的动态与意图，有利于决策民主化的提高，有利于提高治理过程中政府与公众的协同性。另外，财政透明度的要求也带来了社会公共治理的多元化价值体系，因此政府的决策必须考虑社会不同领域、不同主体之间的利益差别，在多元的利益主体间求得利益的协调和均衡。

2. 透明有利于提高财政的责任感和可信度

透明可以提高财政的责任感。决策透明度要求财政公开政策的决策过程，并定期通过各种告示形式对财政政策的决策情况及其贯彻执行的结果，及时向公众提供有关财政运行的有关信息。决策透明度有利于在财政、政府和公众之间形成一种开放透明的沟通机制与监督机制。将财政置于公众的监督之下，促使其在做出决策及具体执行时更有责任感，完成其提高公共产品和服务目标的责任约束。透明可以增强政策的可信度。如果财政政策的透明度高，政策信息全面、详细与准确，那么公众不仅可以了解财政的政策目标，还可以了解财政部通过什么手段与措施去实现其目标。当公众对正在实行的措施和效果及所宣布目标偏离的原因有一个全面、正确的理解时，公众将维持公众对财政的信任。财政的可信度是维持市场信心和吸引资本流入的必要前提。财政透明度能够加强可信性，其利益反映为较低的借贷成本以及公众对健全的宏观经济政策更强有力的支持。另外，透明度有利于提高财政部门工作人员的素质。透明度要求财政部门定期公布其所拥有的有关经济状况信息，公布财政政策的决策情况及其贯彻执行的结果。对财政部门工作人员来说，他们需要将内部决策置于强大的外部评论之中，这样一种外在的约束与压力，可以转化为内在的动力，促使财政部门工作人员提高分析水平和能力，提高财政政策决策的科学性，进而增强政策的有效性。

透明有助于消除财政幻觉和提高财政监督水平。财政透明度是辨别和防范财政风险的重要依据。当前地方债务风险与透明度不高密切相关，研究表明，财政不透明必然伴随财政幻觉和监督失控，进而导致财政风险的发生。财政透明可以取得投资者和债权人的信任，从而以较低的成本取得资本。佩特里（Petrie，2003）指出，政府公开其财政状况及其意图等信息，有助于提高其从国际资本市场融资的能力。①

3. 透明是完善现代财政体制的突破口

透明是完善现代财政体制的重要途径。透明对完善财政体制的重要作用表现在以下几个方面：一是通过披露财政决策的机制、过程和财政运行结果，充分暴露现行财税体制的弊端，强化全社会推动财政改革的动力；二是吸纳更多社会公众参与公共决策，有效制约利益集团的话语权，更多关注社会弱势群体的呼声，促进社会公平的实现；三是打破"暗箱"操作，铲除滋生腐败现象的温床；四是改变地方政府财权与事权失衡的局面，化解地方财政困难的难题，从物质上保障各地政府为公众有效提供公共产品和公共服务；五是使社会公众更多地了解政府工作，增加对政府的认同感。从一定意义上说，提高财政透明度，公开暴露财税体制的不足和弊端，表明了政府改革进取、致力于解决问题的决心。这样有利于增强公众和投资者的信心，有利于经济的发展和政府财力的增加。提高财政透明度，降低了外资的投资风险，有助于增加外资的流入，降低本国的筹资成本。反之，财政"暗箱"操作的长期存在，政府部门则会因缺乏外部压力而行动迟缓，一些深层次问题甚至会久拖不决，为财政和经济的健康运行埋下隐患。从长远看，潜在的财政风险甚至有可能因此而演变成现实的财政、金融危机。② 因此，在改革处于关键阶段，通过提高财政透明度可以起到多方面的积极作用，对完善现代财政体制，对深化经济体制改革，乃至启动政治体制改革都有着十分重要的意义。

---

① Petrie, M., 2003. Promoting Fiscal Transparency: The Complementary Roles of the IMF, Financial Markets, and CivilSociety. IMF Working Paper.

② 张俊伟. 以透明度为切入点、深化现代财政改革 [N]. 中国经济时报, 2004, 9 (16).

3.4 预算透明是财政透明度的核心指标

预算是现代财政的制度基础。预算是社会的利益中枢，是联结政府与人民的纽带，是隐藏在一切意识形态掩饰下的国家组织框架。同时，预算又是一个信息系统，它旨在向利害攸关的各方传递政府活动范围和方向的经济信息。现代财政是建立在预算基础上的财政制度，现代财政的法治性、民主性都是通过预算得到体现与保障的。因此，从财政透明度的角度来看，财政公开透明的核心是预算的公开透明。

3.4.1 预算的政治本质

预算的本质是政治，它是一个国家极其重大的政治问题。收支与预测背后反映的是政府在未来某个时期内的活动选择以及相应的成本估算，是政府的政策选择以及相应的政策成本，一个完整的政府预算报告能够向每个公民提供这样的信息：政府在未来一年或者更长的时期内准备做什么事情，这些事情分别花多少钱。更进一步地，一个完整政府预算可以告诉我们，谁从政府这里得到了政府能够提供的好处，谁又承担了成本。而这正是最大的政治问题。总而言之，公共预算是关乎国家治理的大事，是国家治理的核心。[①] "预算已经成为现代美国政治的法宝。共和党与民主党，自由党与保守党——只要当他们讨论任何意义的公共政策时，所有人都会从形式上搬出预算这个法宝。一项工程既可能是好的，也可能是坏的，但是如果它没有通过预算审批，它就是死的。"[②] 联邦预算是以货币形

---

①② 阿伦·威尔达夫斯基，内奥米·凯顿著，邓淑莲，魏陆译. 预算过程中的新政治学（第四版）[M]. 上海：上海财经大学出版社，2006.

式表现的政府活动。如果政治被部分地看作是具有不同偏好的利益集团争夺国家政策决定权而发生的斗争，那么预算就是这一争斗结果的记录。如果有人问："政府支出的受益者是谁？"答案就在记录的预算中。如果有人把政治看作是政府动员资源以应付紧急问题的过程，那么，预算就是这些做法的集中体现。①

在本质上，公共预算是对利益进行分配的政治过程。这一政治过程主要有以下几层内涵：从流程来看，公共预算是政府职能实现的首要环节；从内涵来看，公共预算是民主法治的过程；从利益分配来看，公共预算的核心是利益的权威性分配。公共预算是政治实现职能的关键，这是因为任何政府公共职能的实现都离不开公共预算的物质支持。公共预算与政府职能紧密联系，政府职能决定公共预算的实施范畴，而公共预算构成政府履行提供公共产品和公共服务职能的物质基础。在实践上，公共预算是国家实现政府公共政策、提高绩效、实现公共事务管理的中心环节。从公共政策角度看，公共预算实际上是一种政府制定与实施公共政策的过程；从组织管理绩效的角度看，公共预算则是控制成本、衡量绩效的主要依据；从公共利益角度看，公共预算就是促使社会财富的分配趋于合理，实现社会公平的重要途径；从公共事务管理角度看，公共预算既是公共问题解决的前提，又是公共事务管理的结果。② 在学理上，公共预算是政治学的核心内容。从政治学理论基础的层面来看，分权学说和均衡政治理论是预算法治得以建构的前提假设与基本命题；从政治权利运作的角度来看，议会的主要职能是立法、监控财政预算和监督政府；而从权力格局演进的意义来看，议会政治地位和权力范

---

① 阿伦·威尔达夫斯基，内奥米·凯顿著，邓淑莲，魏陆译．预算过程中的新政治学（第四版）[M]．上海：上海财经大学出版社，2006．

② 谢庆奎，单继友．公共预算的本质：政治过程 [J]．天津社会科学，2009（1）．

围的不断得以上升和扩张，实际上体现和反映了现代意义上预算过程、制度的发端与完善。"无论我们怎样定义政治和政治学，有一点是明确的，政治活动始终都是围绕着预算资金的分配而进行的。各种政治冲突最后都会反映到预算过程中，也就是说，预算过程中的各种冲突实质上都是政治冲突。在政治和政策过程中，无论自己的目标是什么，预算过程都是一个政治工具。在很大程度上，预算过程可以看成是政治过程的核心。"①

3.4.2 预算透明是现代财政透明度的核心

预算本身就是财政透明度的基础。从现代财政演进历史来看，预算作为财政收支活动的详细记录，决定了预算本身就起到把政府活动范围与活动成本清楚呈现的作用。一个没有预算的政府是"看不见的政府"，而一个"看不见的政府"不可能是负责的政府。如果政府没有预算，我们就无从知道政府在做什么，它做的事情是不是政府该做的，是不是大多数公民希望做的，也无从知道政府花了多少公共资金去做这些事情，是不是该花这么多钱去做这些事情，我们更无从知晓政府活动的绩效。在这种情况下，我们根本无从知道政府是不是对我们负责，更无法保证它是对我们负责的。反之，如果政府预算能够反映政府的全面活动以及相应的活动成本，能够反映政府支出活动的绩效，而且这样的预算是向社会公开的，那么我们就有希望建立一个真正负责的政府。②

作为一种实践工具，预算透明在 20 世纪末才逐渐在全球范围内引起国际组织和各国政府的重视。但是，作为一种价值追求的政府透明，则内在地根植于现代法治和民主原则之中。边沁（Jeremy

---

① 谢庆奎，单继友. 公共预算的本质：政治过程 [J]. 天津社会科学，2009 (1).
② 乔纳森·卡恩著，叶娟丽等译. 预算民主 [M]. 上海：格致出版社，2008.

Bent ham）在论述法治政府的基本要求时反复强调，透明管理和公开运作，是法治政府进行公共管理的核心原则。透明是民主政府的内在要求，而民主政府能够有效运作的一个重要前提，就是公民能够基于对政府承诺与实际绩效的比较。在政府的治理活动中，要确保政府回应公民需求的责任机制，也需要将透明作为民主政府的一个必备要素。正是在这个意义上，政府透明是现代政府的一项内在价值和规范基础。① 在将预算透明作为一种内在价值转化为外在工具的过程中，委托—代理理论和公共选择理论起到了相当重要的中介作用。

在委托—代理理论看来，委托双方有不同目标与分工时，隐藏信息与隐藏行为等代理问题就有可能产生。代理人理论假定个人为自利的、有限理性、效用极大化和机会主义等特征者，在委托代理契约关系中，代理人与委托人的目标函数未必完全一致，甚至相互冲突，而且两者之间存在信息不对称性，通常是代理人拥有较多关于受指派任务，以及其个人能力与行为的信息，故可以策略性地利用本身拥有的信息优势，阻挠委托人的利益而增进自身的利益。预算可视为人民、民意机关与行政部门就政府职能活动所形成的一种委托—代理关系，民意机关扮演着委托人的角色，同意在特定条件下供给资金予行政机关，行政官员利用这些资金提供公共产品与服务，完成预算契约所交付的责任。因信息不相称与目标冲突所诱发的隐藏信息与隐藏行为等代理问题，同样出现于此种特殊的委托代理关系当中。前者系民意机关进行预算审查时，行政部门因为在信息上占有明显优势，自然倾向于选择性地提供对自己单位有利的信息，以极小化分担政策失败的风险，或是争取获配较多的资源。从财政角度看，在委托—代理中之所以会出现问题，是由于财政支出

---

① 王绍光著．美国进步时代的启示［M］．北京：中国财政经济出版社，2002.

容易从制度角度被滥用，虽然预算支出部门及政治家等提出的每项支出预算都有利于各自部门或选区，但支出的成本却以税收的方式在广大国民身上分摊，而该部分成本并未内生化，从而容易加大增加这种个别性支出的压力。① 由于政府由众多"经济人"组成，他们追求个人和部门利益的动机与行为往往会违背委托人的意愿，从而产生了"逆向选择"和"道德风险"问题。为了更好地解决"代理人"问题，只有依靠建立一套健全的政府公共权力的控制、约束、监督系统，运用严密和完善的财政经济内外部监督机制，最大限度地缓解委托人和代理人的信息不对称。那么预算信息公开就可以使公民及委托人及时获得代理人的信息，打破政府部门信息垄断，这是有效地约束代理人行为的一个必要条件。

公共选择理论的研究表明，官僚们热衷于通过隐瞒财政信息来掩盖低效的行政行为，如果不让公众知道当前的财政支出和支出效果，则很容易让公众产生财政幻觉，对大量的财政浪费一无所知。原因在于，财政以征税方式取得财政收入而提供公共产品，但是不同的个人所享受的公共产品与承担的税负之间并无必然的相关性或直接对等关系。财政预算绝大部分是采取统收统支的原则编列，收入与支出相互独立，具体的财政支出项目与财政收入来源之间并无关联，又由于现代税收制度日趋复杂，更加深了这种由非直接支付结构所产生的财政幻觉。财政幻觉的存在往往存在夸大公共支出的效益，低报税收的实际成本，相应降低了官员的财政支出风险。而债务又让公众把应该承担的税负转移到后代，公众也因而会像政府期望的那样同意接受更高水平的支出和赤字。官员本来就有模糊税收、夸大支出的效益和隐瞒政府负债的强烈动机，而预算的复杂性恰恰提供了这一良机，所以官员自然就没有动力为公众提供简单、

---

① 申亮. 财政透明度研究述评 [J]. 经济学动态，2005 (12)：90 - 94.

清晰和透明的预算，相反，总是故意选择模棱两可的程序，增加公众的困惑。在定期改选的民主制度运作下，政府官员会极力追求在下一次选举中最大化其社会支持，以取得当选的机会。由于财政赤字或举债可以扩增从政者的财政调度弹性，而且具有明显的时间递延，即使不良的后果出现，也已经难以与事过境迁的支出相互联想，因而官员往往有意误导或顺势利用财政幻觉的存在，隐瞒或尽量不公开预算信息，使公众对于公共产品的真实成本产生不实的认知或低估的情形。再者，经济政策的复杂性使大多数公众难以预期它对未来的影响，只关切对目前的影响，政治人物为迎合公众的短视，会倾向支持成本延后于未来反映、收益集中于现在而且显而可见的政策。策略性地限制财政信息公开程度，可以隐瞒或粉饰过度与招致滥用的公共支出，便于营造有利的政治氛围以及降低公众判断的能力，在政治竞争上占据有利的地位。因此，无论是委托—代理理论还是公共选择理论，其研究的结论都表明：政府透明是确保政府责任机制的一项重要制度安排，而财政预算透明是政府透明的核心。

3.5　本章小结

公开透明是现代财政的内在要求。从现代财政的本质来看，现代财政的本义在于矫正市场失灵，通过政府在信息方面的优势弥补市场主体信息不对称的劣势，这也是市场经济下现代财政公共性的表现，如果财政不透明，亦或向部分市场主体透明必将加剧市场失灵。公共性和公开性是相辅相成的两个方面，构成现代财政的本质特征。透明度是测度市场化程度的标尺，透明度是衡量民主政治建立与否的标尺，透明度是衡量法治化程度的标志。透明既是现代财政公共性的本质的揭示与显化，又是实现现代财政公共性的必要手段和途径。

财政透明度是实现良好公共治理的基本条件。良好公共治理包括财政透明度、公共政策效率和公共经济稳健性三个方面。良好治理是实现宏观经济稳定与增长的重要前提，其中财政透明度又是实现良好公共治理的基本条件。其实，财政透明度本身不是目的，它是促进效率、保障政府和官员负起责任、实现公民民主参与的重要途径，是实现现代财政"可见、可议、可进入"属性要求的前提。它通过财政信息的公开透明、接受社会公众的监督与民主参与而保障现代财政有效地提供公共产品和服务，更好地实现现代财政的公共性。在此意义上，财政透明度逐渐成为衡量现代财政公共性的一个标尺。

第4章

现代财政公共性的现实考析

本章从三个视角对中国现代财政公共性进行考察与分析：市场经济是现代财政运行的经济环境和基本平台，现代财政的诞生与发展与市场经济息息相关，现代财政的公共性只有在市场经济环境中才能得以展现；民主政治是现代财政公共性得以展现的制度因素，民主参与本身就是公共性的体现，离开了民主政治，现代财政的公共性既不现实，又难实现；法治建设是现代财政公共性的重要而可靠的保障手段。

4.1　市场经济与现代财政公共性

市场经济不仅是现代财政产生与运行的经济环境与体制基础，而且现代财政的公共性只有在规范的市场经济环境下才能充分地显现。因为规范的市场经济下，私人需要能够通过市场机制有效的解决，公共需要因为市场机制不能有效解决而交给财政解决，这是现代财政公共性的典型表现。这就避免了计划经济体制下的国家财政对私人需要的过多干预而造成公私不分，进而公共性也无所谓公共性，私人性也不成为私人性的混乱状况。

4.1.1　中国市场化程度

市场经济体制、民主与法治是建立现代财政的基础，而这几个方面都与市场化程度息息相关。但是，对中国市场化程度的衡量标准则是见仁见智。从 20 世纪 90 年代开始，国内不少研究者从推动经济改革的目的出发，根据自己对经济总体和结构的理解，从不同角度对中国市场化程度进行了衡量。如卢中原和胡鞍钢（1993）从投资、价格、生产和商业四个方面，测度中国 1992 年的市场化程度为 62.2%；陈宗胜等（1999）综合研究了不同经济主体、产业、区域和经济总体的市场化程度，测度出 1997 年总体市场化程度为 60%。另外，樊纲、王小鲁等（2001，2003，2004，2007）从政府与市场的关系、非国有经济发展、产品市场、要素市场及中介组织发育和法律制度环境五个方面测度了中国 1997 年以来各省（自治区、直辖市）的市场化排序。北京师范大学中国市场经济研究中心曾学文等所作的《中国市场经济发展报告》，以"政府行为规范化""经济主体自由化""生产要素市场化""贸易环境公平化"和"金融参数合理化"五个指标为依据，得出 2001 年、2002 年、2003 年的市场化程度分别是 69%、72.8% 和 73.8%（见表 4-1），并认为中国市场化程度已远远超过 60% 的临界值，中国从总体上属于一个发展中的市场经济国家。[①] 客观地说，经过四十年的改革开放，尤其是经过近二十年的市场化导向的改革开放，中国目前的经济体制与三十年前相比已经不可同日而语，计划经济的成分大大减少，市场化的因素大大增加，加上中国的政治体制和文化传统与西方有较大的差别，因此，对目前中国的市场化程度要有清醒的认识。事实上，市场化程度关键应看劳动力、资金、土地等要素的市场化，关键应看政府与市场的关系的清晰界定，关键应看法治与民主参与的程度。

---

① 曾学文. 中国市场化程度的测度［N］. 光明日报，2006-3-21.

表 4 - 1   2001～2003 年中国市场化测度

指标	2001 年	2002 年	2003 年
政府行为规范化	2.75	2.75	2.92
经济主体自由化	2.2	2.27	1.84
生产要素市场化	2.17	2.34	2
贸易环境公平化	2.44	2.11	1.94
金融参数合理化	3	2.34	2.84
总指数	2.51	2.36	2.31
百分比换算指数（%）	69	72.8	73.8

资料来源：北京师范大学经济与资源管理研究所.2003 中国市场经济发展报告［M］.北京：北京师范大学出版社，2003.

从劳动力、资金、土地等要素的市场化来看，中国市场化程度有待提高。通过对充分市场化与现实市场化的比较来看，可以用不同的方法对要素的市场化程度进行测定。在充分市场化条件下，要素的价格应该是均衡的、单一的。如果现实的要素价格不是单一的，有两种不同的价格（如双轨价格），则说明市场化程度是不充分的。显然，这两种不同价格之间的差异度与市场化程度呈反相关关系。由此，可以通过观察两种不同的价格之间的差异或比值来测定市场化程度。① （1）利率。从现实看，政府的金融管制使中国形成了体制内和体制外两种相互分割的资金市场，即以银行为中介和中心的信贷市场构成体制内的资金市场，以民间金融市场构成体制外的资金市场。银行贷款利率和民间借贷利率分别作为两种市场资金的价格，其差别长期存在且差距十分明显。（2）工资。如果劳动力可以自由流动，在劳动力素质和付出相近或相同的劳动情况下，劳动者

---

① 顾海兵.30 年来中国经济市场化程度的实证考量［J］.中外企业家，2009（1下）.

获得的工资等报酬应该接近或相同。中国目前的实际情况是，尽管劳动力的自由流动比较充分，但是中国同工不同酬的现象仍然相当突出。一是城乡之间的收入差异呈现扩大趋势；二是城市有户口的工人与农民工之间的工资差异较大；三是城镇的国有单位与集体单位之间的工资差异；四是不同行业之间，具有垄断性行业与一般的竞争性制造业的工资水平差异。这表明中国劳动力的市场化程度不高。如果考虑到公务员的待遇、垄断行业的高福利，那么可以认定中国劳动力价格的市场化程度可能更低。（3）土地。根据当前中国宪法和其他法律法规的有关规定来看，中国的土地大体分为两种类型：城市的国有土地和农村的集体土地。对前者来说，城镇居民只有土地的使用权，而没有土地所有权；对后者来说，一般以村或村民小组为单位，全村居民或村民小组所有成员集体拥有土地所有权，个人没有土地所有权。

从政府与市场的关系来看，中国市场化的关键制约因素亟待突破。中国有几千年的封建体制，有 30 年的计划经济（1949～1978年）与十多年的双轨经济（1978～1992 年），正式提出市场经济不到 20 年（1992～2011 年），如果考虑到中国庞大的政府机构对经济生活的干预，如主管部门的审批管理、国际收支管理、现金额度等的管理、专卖经营的管理、工资人事及劳动用工管理、社团登记管理、工商行政管理、技术监督管理、卫生防疫管理、计划生育管理、市容市貌管理、交通运输管理、市政管理、计划管理等，行政管理十分庞大和复杂，另外还有不少垄断型国有企业等（据了解目前各级政府还有数百项到千项审批项目），这些强大而复杂的政府管理时时注视着脆弱而缓慢发育的市场。因此，市场机制得以孕育与形成的环境需要改善，市场机制发挥作用的条件需要改善，这从另一个侧面表明中国的市场化程度有待提高。

从民主法治的角度看，中国市场化的基础亟待加强。市场经济首先而且必须是法治经济。任何社会都需要秩序，市场经济更需要秩序，从一定意义上说，市场经济就是法治经济。从中国现行宪法来看，目前中国的宪法是1982年重新制定的，共有182条。自1978年改革开放之后的1982年以来，已经历四次修改，涉及31条。这四次修宪与市场经济有关的主要情况如下：一是1988年第一次修宪。（1）规定土地的使用权可依法转让；（2）私营经济是公有制经济的补充。二是1993年第二次修宪。（1）国营经济改为国有经济；（2）国家实行社会主义市场经济。三是1999年第三次修宪。（1）取消反革命罪；（2）强调中国长期处于初级阶段；（3）实行公有制为主体，多种所有制并存的所有制形式和按劳分配为主体，多种分配方式并存的分配形式。并且肯定私营经济成为国民经济的重要组成部分。四是2004年第四次修宪。（1）国家保护私有财产权；（2）国家尊重和保护人权。由上述宪法修改的过程可以看出，1993年之前的中国经济不是市场经济，市场经济的成分不可能过半。1993年之前的中国经济在总体上应该是计划经济。当然，从1978～1993年，计划经济的成分是逐步弱化的。

综上所述，尽管中国绝大多数商品价格的定价由市场供求决定，但是劳动力、资金、土地、资源等要素价格的确定仍难以完全摆脱计划经济的影子，而要素价格具有基础性地位，对商品价格的形成起到重要的制约作用，因此，中国市场化程度在很大程度上受其制约。同时，政府与市场的关系，民主与法治等对中国市场化进程起到决定性影响，可以说，中国市场化本身就是政治决策的结果，因此，深刻认识政府与市场的关系，厘清二者的边界，大力进行民主与法治建设是加快市场化进程的关键。

4.1.2 中国私人财产保护程度

私人财产权的确立对市场经济的孕育与最终确立至关重要。中国两千多年的封建制度造就了中国古代灿烂的文明，中国的 GDP 长期占据世界首位。但是，曾经早在宋明时代就孕育了商品经济的中国，却没有催生市场经济，直到今天，我们仍在艰辛地探索中国特色社会主义道路。究其根源，与中国封建社会始终不注重私人财产权有直接关系。这告诉我们，今天我们要建立和完善现代财政制度，就必须注重私人财产权的保护，就必须按照市场经济规律建立起完善的私人财产保护法律体系，为现代财政的建立和完善提供坚实的法治环境。

1. 中国对私有财产保护的历史沿革

自西周起，土地国有观念和土地国有制度已经确立，与此相应，财产家族所有制也建立起来，基本上否定了个人私有财产权。秦汉以后，随着封建礼教制度的牢固确立，家族制度成为社会的基本结构，个人财产权观念逐渐丧失了存在与发展的基础。不仅如此，"普天之下，莫非王土"。封建国家通过皇权可以任意侵吞任何家族财产，实际上封建社会中，整个社会的财产都掌握在皇权手中，个人没有财产权可言。中华人民共和国成立后，对私有财产权的认识经历了一个复杂的历史过程。20 世纪 50 年代到 80 年代初，人们由于存在理论上的误区，对所有制和所有权之间的关系认识不清，误认为只能由国家拥有生产资料，私人只能拥有有限的生活资料，并认为这是社会主义和资本主义的本质区别。因而，计划经济体制下私有财产的范围日益萎缩，公民的个人财产仅限于有限的基本生活资料等财产的拥有，对私有财产保护的理论研究也受到抑制，私有财产保护制度基本缺失。[①] 综观中国法律对私有财产的保护，其脉络大致如下：1954 年宪法尽管仍然承认私有财产权的条款，但是已经不再使用私有财产权的概念；而到 1975 年宪法和 1978 年宪法，有关规定就修订为仅仅保护"生活资料的所有权"。80 年代以来，随着

---

① 李钟书. 论私有财产权保护在我国的实现 [J]. 青海社会科学, 2004 (4).

改革开放的不断深入，尤其是随着社会主义市场经济体制的逐步建立，中国社会经济生活发生了巨大变化，人们对私有财产的认识逐步深化。1982年修订的宪法改变了仅仅保护"生活资料的所有权"的提法，修订为保护"公民的合法收入、储蓄、房屋和其他合法财产的所有权"，并增加规定了"保护公民的私有财产的继承权"。1985年，个体工商户条例出台；1988年，私营企业条例通过。1993年底公司法通过，开始把保护私人财产放在了一个重要地位，从法律上对私营经济和其他经济组织不加区分地放在一起。1997年通过合伙企业法、1999年通过个人独资企业法。这些法律法规在各自的调整范围内发挥着重要的作用，但都没有解决根本性的问题，即私人财产的保护问题。

2. 中国现行法律对私有财产的保护存在缺陷

中国现有法律对私人财产保护的缺陷主要表现在国有财产优先于私人财产。一是对公私财产的保护力度存在明显差异。法律对公有财产的保护是原则性的，而对私有财产的保护则是非原则性的。《中华人民共和国民法通则》关于财产的表述构成了一个明显的关于财产权保护的梯度："国家财产神圣不可侵犯""集体所有的财产受法律保护""公民的合法财产受法律保护"。刑法对国有财产的保护更是大于非国有财产，刑法有关规定强调国有公司、企业或者其他单位的人员及受这些单位委托管理、经营国有财产的人员，利用职务上的便利非法占有国有财物的，最高可判死刑，而公司、企业或者其他单位的人员，利用职务上的便利，将本单位财物非法占为己有的，最高只能判处15年有期徒刑。在行政法方面，中国有很多的部门来保护公共财产，而对私有财产受到侵犯却常常救济不力，更有一些司法、行政部门滥用权力直接侵犯私有财产权。① 二是中国

① 李钟书.论私有财产权保护在我国的实现［J］.青海社会科学，2004（4）.

现行宪法对私有财产权的保障缺乏规范性，仅有不可侵犯条款和制约条款而缺少征用补偿条款，这使公民的私有财产权在被国家征用时缺乏宪法保障，面临着被强大的国家征收而不能得到合理、及时补偿的风险。三是缺乏有效的司法救济手段和国家赔偿制度。强制拆迁和集体土地征用就是典型的例子。四是宪法将私人财产权排除在公民的基本权利之外。一般而言，西方国家的宪法都是把有关财产权保障的条款置于公民的基本权利部分，如美国宪法、意大利宪法等，而中国宪法则将其置于总纲的基本经济制度部分加以规定。这使中国宪法对财产权的保护没有上升到公民最基本权利的高度予以重视。五是私有财产权范围界定不清。现行宪法保障的是对某种财产的所有权，2004宪法修正案将其修改为："公民的合法的私有财产不受侵犯"。从法律概念上说，财产所有权只是物权的一种主要形态，但并不囊括其他物权的种类，更不包含债权，知识产权等其他财产权。①

3. 私人财产权保护的其他缺陷

财政对私人财产权利的保护力度明显不足。在国家公权力体系中，与私人财产权最先且最直接发生关联的公权力就是国家征税权。国家征税权重要特征就是强制性，这一特征使国家以先于私人所有权参与国民收入的分配成为可能。国家征税权还具有无偿性的特征，这一特征使国家以高于等价交换的原则实现对私人财产的强制性限制与剥夺。国家征税权的强制性和无偿性的公权力特征，使私人财产权在遭遇国家征税权的侵害时处于更为明显的劣势而无力抵抗。所谓私人财产权不受侵犯，首先是指私有财产不受国家征税权的肆

---

① 李钟书. 论私有财产权保护在我国的实现 [J]. 青海社会科学，2004（4）.

意侵犯。① 法治的意义就在于要制约针对财产权的第一次攫取，这也是现代财政有别于其他类型财政的原因所在。当法治构筑起限制国家征税权对私人财产权非法侵夺的抵御体系时，私人财产权才得以在等价交换的原则下实现价值的最大化，并因此促进资源的有效配置和社会整体效用的最大化。对政府而言，行政机关的职权与地位很大程度上来自财政资金的规模与支出的范围，因而政府往往不顾及整个社会所付出的成本与代价而扩张其预算支出。民意代表既有自身的偏好又有利益集团的压力，二者的共同作用促使其不断提出新的或追加的福利法案，相应的财源保障则由无名的纳税人提供。因此，纳税人的负担日渐沉重，挥之不去的"黄宗羲定律"概源于此类逻辑。财政收支决策的分离或不协调会造成立法机关难以充分考虑公共支出成本，轻易地通过增加财政支出的提案，从而造成国家通过立法的方式过度征税，进而侵害私人财产权的正当行使。在财政支出意愿过于膨胀的情况下，国家参与国民收入的分配庞大份额必然会给私人财产权和自由权造成严重的侵夺。

从中国私有财产保护制度发展的路径可以看出，中国现行法律对私人财产保护的文化传统和法律措施缺乏，直接影响到私人财产权保护的观念和机制的形成与确立，在此情况下，自然也就无法形成完整的保护私人财产权的法律体系。

4.1.3 中国现代财政覆盖程度

本书第 2 章对公共性定义的界定表明，公共性意味着开放性，它意味着对具有资格的每个主体均可自由进入，也即它必须向符合条件的每个主体开放，就此，有西方学者把它延伸为进入的机会平

---

① 刘剑文. 私人财产权的双重保障——兼论税法与私法的承接与调整 [J]. 河北法学，2008（26）：12.

等。即事物本身一旦具有了某种公共性，就意味着同等条件下的每个个体都享有自由参与该事物的资格与权利，由此，多主体汇集形成一个公共世界才得以可能。这说明，计划经济条件下的财政尽管也提供公共产品和公共服务，但它主要针对城市和国有制经济进行保障，即主要针对特定的成员提供公共产品和服务，因而，其公共性程度不高。现代财政以其对所有公民一视同仁而彰显自己的公共性品质，全覆盖是现代财政的显著特征，因此，通过对现代财政覆盖程度的考察与分析可以判断现代财政构建与完善的程度。

事实上，中国现代财政建设之路就是财政覆盖面不断扩大之路。这表现在两个方面：一是财政由对不同所有制区别对待的政策逐渐到一视同仁的政策；二是财政作为国家政策的重要组成部分执行"一国两策、分而治之"的政策而对城市居民提供"从摇篮到坟墓"的程度较高的保障，逐渐到现代财政的阳光越来越多的照耀到农村，通过大力推行公共服务均等化而日渐形成全覆盖的局面。正是因为财政沿着全覆盖的路子不断提高覆盖程度，所以才能断言中国现代财政的建设不断向完善的现代财政迈进。

从第一个全覆盖来看，中国现代财政建设取得了历史性的进步。计划经济下的国家财政，曾被打上鲜明的所有制烙印。当时整个国家财政收入的绝大部分来自国有制单位的缴款，从而呈现出一种"取自家之财"的格局；整个国家财政支出的绝大部分投向于国有制经济单位，从而呈现出一种"办自家之事"的格局；财政政策的取向也具有明显的"区别对待"色彩，从而担负起了扶持、发展国有制经济，抑制、削弱私有制经济那样一种特殊的历史使命。因而，计划经济时代的国家财政相对而言缺乏公共性。① 从现代财政收入方面看，主要侧重调整国民收入分配格局，规范政府收入制度，以及

---

① 高培勇．现代财政：经济学界如是说［M］．北京：经济学科学出版社，2000．

通过合理调整税负，优化税制结构，完善各个税种，加强宏观调控，强化征收管理等一系列重大措施，逐步建立起一套适应中国社会主义市场经济体制的、符合国际惯例的税收制度，真正体现财政收入的公共性。在今天的国家财政收入中，税收已经成为预算内财政收入的主体，从1978年税收占预算内收入45.9%上升到2007年的96%。[1]从收入来源看，已经是国有、民营和外资三分天下的格局，从而使现代财政收入趋向于"取众人之财"的格局。上述情况表明，中国财政运行收入机制开始发生质的变化。税收成为国家财政预算内收入的主要形式，与计划经济体制下企业利润上缴平均占50%以上形成鲜明的对比，财政收入已带有很大程度的"公共性"。从现代财政支出方面看，随着市场经济发展，计划体制解体，政府职能的转变，在某些领域中国财政支出运行机制已发生了重大调整。最明显的例子当属基本建设支出，其1978年占财政支出的40.3%，2006年则为10.86%，[2]表明社会投资主体，已由国家财政，逐步转向企业、个人，财政支出更多地向不同所以制企业一视同仁地提供服务，各类企业只要符合国家政策都能享受到财政的支持。为加快国有企业改革，进行国有经济战略重组，安排下岗职工再就业，保障职工基本生活，国家财政近年来增加了社会保障、社会救济支出，其中大部分支出用于非国有企业方面。此外，保护环境，实现可持续发展等支出，日益受到重视等。以上这些支出体现出的共性就是财政支出的"公共性"。因此，在国家财政支出中，投向国有制经济单位的份额已经大幅度下降，取而代之的是公共性支出项目占比的迅速攀升，从而趋向于"办众人之事"的格局。从财政政策优惠导向来看，财政政策由过去所有制导向的区别对待政策逐渐调整到国家产业导向、结构导向、地区导向方面来，无论是税收政策还是

---

[1][2] 中国统计年鉴（2008）［M］．北京：中国统计出版社，2008.

财政支出政策、补贴政策、出口退税政策、政府采购政策等，所有制色彩已经荡然无存，不同所有制企业基本在同一个起跑线上展开公平竞争。

从第二个全覆盖来看，中国现代财政建设取得重要进展。作为公民主体的八亿农民能否享受现代财政的阳光，能否同等享受现代财政的阳光是检验中国现代财政建设的重要标尺。中华人民共和国成立后，为实现工业化的超赶战略，中国采取"一国两策，分而治之"的办法，通过户籍制度、粮食供给制度、用工制度和社会保障制度把农民固化在农村，为工业化提供剩余。改革开放后，仍然利用户籍等制度把农民的身份固化，由此导致了中国工业化与城市化的非同步性和中国"三农"问题的长期性。从现代财政对农村的覆盖现状来看，主要通过三个保障体系的构建尽力把八亿农民纳入现代财政的保障范围。一是通过农村新型合作医疗体系的构建为八亿农民逐步提供基本医疗保障。新农合自2003年起步以来进展顺利，到2009年底参合农民8.33亿人，已成为覆盖面最广的一项社会保障制度。[①]目前，县、乡、村三级公共卫生服务网络逐步完善，以县级医院、疾病控制中心、卫生监督所、妇幼保健院等为龙头的技术服务指导中心在农村公共卫生服务体系中发挥了十分重要的作用。二是构建覆盖全民的义务教育体系。财政资金重点流向欠发达地区、农村地区、薄弱学校、弱势群体，以保障义务教育的均衡发展。2005年底，国务院根据农村税费改革后农村义务教育面临的新形势和新问题，做出了深化农村义务教育经费保障机制改革的重大决策。2006年，中央和地方共落实改革资金361亿元；2007年，中央和地方预计将安排改革资金565亿元，将农村义务教育经费全面纳入现

---

① 全国人大十一届第十二次义听取全国人大农业与农村委员会关于农村社会保障体系建设情况跟踪检查报告［EB/OL］. 人民网 . 2009 - 12 - 24.

代财政保障范围，农村义务教育实现了"全覆盖"：全国农村义务教育阶段学生近 1.5 亿人，全部享受免除学杂费、免费提供国家课程的教科书政策。[①] 通过"食宿改造工程"以及"万校标准化建设工程"，农村小学的办学条件与城市学校差距进一步缩小。区域、城乡义务教育教师学历合格率差距逐渐缩小。三是逐步构建覆盖全民的最低生活保障体系。随着农村纳入低保范围以及不断提高保障水平，一个覆盖全民的最低生活保障体系正在逐步建立。2006 年全国财政社会保障支出 4337.65 亿元，同比增长 17.3%，2007 年全国财政用于就业和社会保障的支出 5396 亿元，是 2002 年的 2.05 倍。[②] 可以看出，中国现代财政正在全覆盖之路上阔步前进。

4.2 民主政治与现代财政公共性

私人财产权对现代财政具有重要的基础性意义，而民主是保护私人财产权的重要手段。财政民主，就是政府依法按照民众意愿，通过民主程序，运用民主方式来管理政府之财。人民依法通过一定的程序和方式，行使对重大财政事项的决定权。其直接的要求是，重大财政事项必须经过代议机构的同意，或者由其制定法律予以规范。如果没有议会决定或法律授权，无论是财政收入还是财政支出，都是不合法的，也是被禁止的。从一定意义上讲，财政民主既是民主的体现，又是民主的保障。建立和完善现代财政制度，削弱现代财政的行政垄断性，增强现代财政的立法主导性，是健全和完善人民代表大会制度的重要内容。在政治领域中，财政民主是公民政治

---

① 冯雷. 我国将建立农村义务教育经费监督检查机制 [N]. 光明日报，2007 - 12 - 1.

② 2007 年全国财政用于就业和社会保障的支出 5396 亿. [EB/OL]. 新华网，2008 - 1 - 15.

参与和政治沟通权利的保障；在经济领域中，财政民主是公民基本财产权的依托。

4.2.1 现代财政的民主体现

现代财政本质上是民主财政，这一本质体现在现代财政的各个方面。例如，现代财政的民主决策、中央财政和地方财政的分权以及不同政府之间的财政竞争等。

一是财政民主决策。现代财政的民主财政本质提醒政府财政要时刻牢记自己的公共决策执行者的角色，而不能把自己视为理所当然的决策者。凡所涉及公众利益的重大决策，诸如税收政策、财政收支预算、转移支付、重大工程建设等，都要由公众及其代议机构行使决策权，然后由财政不折不扣地予以执行。同时，财政还要定期向公众公布其预算执行情况，接受公众监督，遇到重大事件时要及时向公众说明，让公众了解情况，并遵照公众的决策。

二是财政分权。中央与地方的分权是一种纵向结构性分权，如同戈登所定义的，这种分权就是通过政治权力的多元分配从而控制国家。① 而任何权力分配最终无非都可归结到人事与财政上，地方在财政上的自治使其与中央的分权成为可能，形成一种有效对抗中央集权的强大力量，而"不具有财政方面内容的'地方自治'只能是画饼充饥"。② 中央与地方税政权、财政权的划分，意义并不单纯在于中央与地方如何"分蛋糕"，而是从根本上涉及国家权力纵向构造。单一体制下的地方，如果拥有一定独立程度的赋税权，将会在一定的程度上制约中央政府汲取财政的能力，从而增强与中央分庭

---

① 斯科特·戈登著，应奇等译. 控制国家——西方宪政的历史 [M]. 江苏：江苏人民出版社，2001.

② 北野弘久著，陈刚，杨建广等译. 税法学原论 [M]. 北京：中国检察出版社，2001：231.

抗礼的实力；如果在人事选举上确立向选举地选民负责的原则，则会从根本上转化中央与地方关系的逻辑。地方民主选举和地方赋税自主权的结合，必然形成在不损害国家结构前提下的中央与地方分权制衡的现代法治，民主财政与法治意义上的现代财政的价值就在于它通过财政分权主义构建中央与地方的分权体制。1994年开始的分税制改革是一次中央政府和地方政府之间的财政分权，中央政府向地方下放了支出决策权和部分税收管理权，但遗憾的是，这种决策权的下放没有真正到位，即没有落实到地方公众手中，而只停留在地方政府手中，这反而加剧了权力的滥用。尽管理论上认为地方政府比中央政府更了解本地公众对公共物品的偏好，但如果地方政府根本没有民主财政意识，那么它又如何会实现财政资金的有效使用呢？[①]

三是财政竞争。在财政民主决策和财政分权的基础上，地方政府财政通过展开竞争而提高政府财政效率。由于各地政府能力不同，提供地方公共物品的水平也不同，各地民众就会对政府能力加以比较，然而通过"用手投票"和"用脚投票"的方式来选择最好的地方政府（最有效地提供最多公共物品的政府），这就在各地政府之间形成一种竞争机制，促使其提供的公共物品为公众所满意，并因此提高政府的工作效率和财政资金的使用效率。[②]从现实来看，中国地方财政竞争一直在激烈进行当中，改革开放较早的东南沿海地区长期以来吸引了大量的劳动力和资金，尽管有改革开放较早、政策优惠较多、基础条件较好等因素，但是东南沿海各地政府在提供公共产品和公共服务方面的竞争优势也不容忽视。近年来，中西部地区意识到这一问题，也在公共产品和公共服务的提供上加大力度，在一定程度上缩小乃至超过东部地区，这也是最近中西部地区发展

---

①② 井明．民主财政论——现代财政本质的深层思考［J］．财政研究，2003（1）．

较快的重要原因。

现代财政之所以强调民主，与现代财政在现代社会生活中发挥的重要作用密不可分。现代许多国家财政收入占国民生产总值的比重都维持在 35% 左右，北欧的高福利国家甚至超过 60%。中国在 2008 年也已达 21.95%，如果加上预算外收入和各种制度外收入，比例至少在 40% 以上。① 巨大的资金集中于国家手中通过财政收支不断循环，不仅是国家经济运转的推进器，也是国家政治活动的主要资金来源，现代财政的作用由此可见一斑。财政收入是来源于人民的，在理论上也是用之于民的，那么到底如何收取和支配这些资金，理应由人民掌握最后的决定权。

4.2.2 中国民主财政建设现状

从本书第 3 章关于西方"现代财政孕育与诞生"的历史回顾可以看出，中世纪西欧社会是一个封建领主本位的社会，个人依附于教区、行会、采邑、自治市镇等，而国家的力量则是相对较弱的和松散。西方财政制度是在国家与社会之相对分离已经实现的过程中的表现，这种"国家"因其民主程序的制约，较容易实现强制力量在公益方向上的运用，这样一种"社会"因其个人本位的基础，也生发出一种自愿交易、互惠互利的实现私利的市场机制。中国的情况显然不同，中国自秦以来不仅在观念上，而且在官僚体制上就是一个国家一统的社会，不仅个人在其中没有任何地位，也没有各种自然形成的封建领主的立足之地，这造就了一个集权的等级社会秩序。因此，西方在完成群体本位到个体本位的民主化过程之后，所出现的市场失灵和政府失灵问题，与中国的市场失灵和政府失灵在内涵上有较大的差别。西方的市场失灵中国同样有，如公共品、外

---

① 熊伟，财政法基本原则论纲 [J]. 中国法学，2004 (8).

部性、垄断、信息不完全等，但是根本的一点，中国的市场不是个人本位的。正因为如此，西方国家的民主财政内在于现代财政的孕育与诞生过程之中，是现代财政的应有之义，而中国的现代财政是在政府倡导之下的一种财政转型，加之中国政治体制改革远远滞后于经济体制改革，这样，中国的民主财政并没有自然成为现代财政的应有之义，这必然要制约现代财政的建设与完善。

第一，中国的财权控制权由政府控制而不是由全国人大控制。现代财政的本质就是民主行使财权，控财权是议会与生俱来的权力。[①] 在西方国家代议机关发展的历史上，议会的立法权是以获得财政预算权为基础的。政府行政性财政逻辑有其固有的缺陷。一是政府财政可能产生"领导人财政"。财政资源获取是以领导人的能力为基础，财政资源的配置以领导人的意志为转移。二是政府财政可能产生"部门财政"。由于政府在财政资源配置方面拥有主动权，因此一个单位的福利直接与其财政资源紧密联系。这样每个单位都会竞争财政资源，从而形成"单位财政"或"部门财政"。三是行政性财政还可能导致腐败现象。如果政府官员缺乏有效监督，那么他们可能会利用手中资源谋取私利。四是政府财政可能导致资源配置以权力为基础，处于权力中心和权力周围的获取资源较多，而处于权力边缘的获取资源较少。这表明，我们需要对政府配置财政资源的行政性财政逻辑进行改革。全国人大控财权是宪法赋予全国人大的专属职权。审查和批准本级政府预算并监督预算执行，是宪法和法律赋予各级人大及其常委会的一项重要职责。因此，完成财权由政府到全国人大的转移是中国民主财政建设的第一步。

第二，以纳税人权利意识为基础的现代财政收入的民主化进程

---

① 美国任何级别的政府官员，即使是总统，都无财政拨款权，花费 1 美元，也要到国会去申请。

缓慢。现代财政民主基础的重要组成部分就是纳税人权利意识，纳税人权利意识是现代财政民主基础的观念因素。纳税人权利意识就是指明确纳税人权利并且积极维护自己的纳税人权利的意识。纳税人权利意识增强的首要标志就是纳税人权利确定化，并且纳税人权利范围不断拓宽。纳税人权利意识的觉醒和纳税人权利观念的增强有利于现代财政民主基础的发展。中国社会长期受儒家思想的影响，人们普遍认为个人对社会、对他人有所贡献是天经地义的事情而忽视了社会对个人权利的界定和保护。这造成了中国纳税人权利意识淡薄的长期景象。近几十年来，我们宣扬的是一种国家本位思想，一直都是在强调纳税人的义务，这也更加造成了中国公民纳税人权利意识的淡薄。纳税人权利意识增强的一重要标志是纳税人权利维护机制被积极应用，并且维护机制逐渐创新和增强。仅有纳税人权利的明确规定并不能实现纳税人权利，纳税人权利的实现还需要纳税人积极的维护自己的权利。在一个纳税人权利意识很强的环境里，纳税人不仅仅清楚自己的纳税人权利，而且应该用纳税人权利维护机制积极地维护自己享有的纳税人权利。因此，积极培养公民的纳税人权利意识，是实现现代财政收入民主化的重要途径。[①]

第三，以公开透明和公民参与为基础的现代财政支出决策的民主化亟待推进。现代财政支出是现代财政的重要内容，与现代财政收入相比，公共支出的意义更为直接，它是公共需要能否得到最佳满足的关键，它对现代财政收入的规模起到很强的倒逼作用。只有实现现代财政支出的民主决策，才能使现代财政支出真正符合公众的整体利益。中国现代财政支出的民主化进程，是伴随着整个财政体制的改革逐步向前推进的。一是以部门预算的方式逐步向现代财

----

① 伍玉联. 现代财政的民主基础［EB/OL］. http：//www. cftl. cn/show. asp？c_id＝21&a_id＝5314.

政支出预算编制的民主化方向迈进。随着部门预算改革的推进，每个部门不仅要把预算内、预算外或其他收支及其项目全部编进一本预算当中，而且要对所有的收支项目进行细化；预算的编制时间也从原来的 1 个月变成了几个月；预算的编制不是由部门代编而是从基层开始编制，由部门汇总后上交财政部门再提交本级人民代表大会审议、批准。除突发性事件造成的必需开支按有关程序报批外，不得随意调整预算。由此可见，实行部门预算后，预算的编制时间变得充裕了，参与预算编制的人员也大大增加，编制的预算更加完整、更加贴近实际，各级人民代表大会对预算的审议也更全面具体，从而使现代财政支出预算的编制、审议日趋民主、透明、严格、有效，也为预算的执行打下了有利的基础。二是对个别影响大、涉及面广的公共产品的提供或价格确定，听证程序渐渐成为决策的必要手段。2002 年 1 月 12 日，中国举行了首次公开的国家级铁路价格听证会。从此以后，听证制度逐渐走进重大决策程序。从政府尝试举行听证会，到公众踊跃报名参加听证会，以及社会各界对听证会的高度关注和期望来看，中国公共事务决策的民主化势在必行，并有了良好开端。在屈指可数的几次听证会上，我们不仅感受到公众对自身利益的深切关注、对公共事业发展的强烈责任感和日益增长的民主意识，我们还感觉到中国开始找到了公共事务决策科学化、民主化和透明化的正确路径。三是推行国库集中支付制度、推进政府采购制度、公务卡制度等加强了财政支出的公开化与透明化，便于公民的民主监督。

客观地说，中国民主财政建设取得了一定成效，提高了财政支出效益，加快了现代财政的建设进程。但是，中国的民主财政建设的路径以"自上而下"为特色，难免出现重形式轻实质的弊病，财政支出的民主决策仍然比较遥远。

4.3 法治建设与现代财政公共性

市场经济本身就是法治经济，财政作为政府直接进行的活动，在市场经济下显然必须受到法律的约束和规范，必须依法行事，从而具有法治性。财政法治化，意味着社会公众可通过相应的法律程序，其中主要是通过政府预算的法律权威而根本地决定、约束、规范和监督着政府的财政行为。因此，法治化是度量现代财政公共性的又一重要准绳。

4.3.1 中国财政法治化程度

财政法治化的实质是财政决策与财政监督是否由立法机关授权与监督。从形式上看，财政法律体系是否完备，是以法的形式予以规范还是以条例的形式来体现。从中国财政法治化的现状来看，即使是形式上的法治化也很不完备，以法的形式规范的占比较小，相当多的财政法规都没有上升到法律的高度。从实质上看，财政法治化更是不容乐观，全国人大的授权与监督不到位，财政信息透明度较低，因而立法机关起不到应有的监督作用。

1. 中国财政法治化的必然性

如前所述，计划经济体制下，中国的财政收入基本上来自国有经济的工商税和企业上缴的利润，可以说是取"自家之财"，取多取少全凭政治需要；财政支出也主要是保障机构运转与国有企业投资的需要，是一种典型的"办自家之事"的模式。因此，正由于国家是"自己养活着自己"，其行为自然无法受到法治的约束与限制，这就是计划经济下国家权力极度扩张的财政基础。市场经济体制的建立与不断完善，中国经济运行的基础发生深刻变革，所有制结构与财政收入的来源结构也随之发生根本变化，财政收入越来越依赖来自非国有经济的税收。而非国有经济作为市场经济的主体，其自身有明确的利益目标，同时，国有企业也逐渐真正成为独立自主、自负盈亏的市场主体，其自主性必然不断增强，企业对于自己的财产和利润必然会有由自己掌握的愿望，国家要获得财政收入，就不能单靠行政权力征收，而必须依靠财政法治来规范国家与公民、企业之间的财政法律关系。因此，市场经济是法治经济，市场化社会是法治社会。市场经济下的现代财政必然是法治性的现代财政，而现代财政的法治性意味着社会公众通过政府预算的法律权威，从根本上决定、约束、规范和监督政府的财政行为，使其鲜明地体现出财政是社会公众的财政即财政的公共性，因而也决定了现代财政的法治性。法治化的现代财政通过财政法治，一方面规范国家的财政行为，保障公民和企业对于其财产的合法权益；另一方面也为国家的财政行为提供法律上的依据，便利国家征税权的行使，保证国家财政收入的来源不因个人和企业的违法行为而遭受损失，从根本上保证国家各项职能的实现。财政法治功能的充分发挥，将会为社会主义市场经济健康、有序的发展和国家对经济宏观调节的实现起到重要的作用。

从本质上看，市场经济中的政府是法治下的政府。法治的实质就是对政府征税权的以法行政，法治的实现形式是政府的财政行为由公众及其代议机构决定。公众通过代议机构拥有完整的税收决策权、财政预算支出安排权和支出绩效评价权，并有权对政府的财政部门或主管官员进行奖惩。法治也是现代财政的议会中心主义，即公众及其代议机构决定财政资金的来源及其分配的流向。因此，无论是从所有制结构和税收来源结构来看，还是从市场经济下政府的本质来看，中国建设现代财政必然要走法治化道路。

2. 中国财政法治化程度

从财政收入的法治化来看，税收是国家获得财政收入的主要途径，政府为了有效提供公共产品和公共服务，必须通过税收等方式获得财政收入。实质上，政府征税权与私人财产权是一对天然的矛盾关系。政府行使征税权必然要使私人财产权受到不同程度的侵害。因此，法治的实质也在于限制和约束这种无法回避的侵害。在实践中，通过税收法定原则的制定和实施来把这种侵害降低到最小限度，并通过政府提供公共产品和公共服务予以超额补偿。具体而言，税收法定原则中的"法"必须是反映公众共同意志的民主立法，也即保障公众利益不受肆意侵犯之"法"，它富含公平、正义、民主等价值理念，这正是现代法治的精神实质。因而，税收法定原则从形式上看是依法征税，但由于税法是公众及其代议机构遵循民主程序制定的，所以外在形式与法治精神高度契合。与此对应，中国在税收法定方面任重道远。较为典型的问题是税法的效力层级太低，没有充分反映民意。现行诸多重要的税收法律不是由全国人大或其常委会制定，而是由国务院或者其部委制定。当然，即使重要的税收法律都由全国人大或其常委会制定，也并不能确保其所制定的税收法律就必然体现民意并且是合理的，但这已经是现有条件下最好的方式。因此，严格实行税收法定，确保现代财政目标的实现，当务之急要做两个方面工作：一是提高税法的效力层级，让全国人民代表大会的立法机关职能体现出来；二是完善人民代表大会制度，不让其流于形式，使其真正代表人民。至于税收之外的非税收入和其他更不规范的收入，尽管所占比例很大，尽管也有一些红头文件作依据，目前只能说是改革过程中放权的权宜之计造成的，根本谈不上法治的要求，是不在财政收入法治化谈论范围之内的。

从财政支出的法治化来看，中国财政法治化的任务更加繁重。一是财政资金由财政拨付到各个预算单位之后基本脱离财政监督，全国人大更是鞭长莫及，一般的审计也是走走过场。各预算单位的预算资金除了工资及机构运转的必要支出外，其资金的使用权基本由单位"一把手"说了算，存在很大的随意性和人治化。二是预算资金由财政不同的业务司局负责预算和划拨，造成预算资金的分散化，使用效率不高，透明度更是无从谈起。以农业支出为例，现行财政在农业方面的资金管理体制不完善，涉农部门多，条块分割严重，导致资金使用分散，效益不佳，透明度很低。财政的农业资金按行业分，有农业、林业、水利、水产、畜牧、农垦、气象等7大类；按部门分有国家发改委、财政部、科技部、水利部、农业农村部、国家林业和草原局、国家气象局、自然资源部、国务院扶贫办、国家防汛抗旱办等10个部门，再加上交通、电力、教育、卫生、文化、民政等安排涉农专项投资的部门，则有十六七个部门之多。财政部和农口各部门之间以及各部门内部机构之间还没有形成一个有效的协调机制，基本上是各自为政，资金使用分散和投入交叉重复现象比较严重。同时，财政的农业资金往往是通过中央、省、市、县、乡、村六个层级，再惠及农民，中间的"跑、冒、滴、漏"问题严重。因此，部门利益、"条块"管理、各自为政、交叉重复，必然导致财政支农资金使用效率低下。根据有关专家分析，通过对粮食流通企业的补贴方式来间接补贴农民，国家需要耗费每7元钱才使农民得到1元钱，对农民增收的贡献太小，[①] 这显然不符合现代财政的本质要求。其他方面的财政资金也存在类似问题，只不过农业资金支出问题更加典型而已。

从预算决策的法治化来看，财政法治化任重道远。预算决策是现代财政的核心，是财政法治化的核心。"无预算不开支，有预算不

---

① 张长全，刘亮. 加入WTO后我国财政补贴政策的改革取向 [J]. 经济研究参考，2002 (90).

超支"的财政预算制度是现代财政制度的核心内容。法治和现代议会的产生肇始于预算法案的审议及控制权。正是凭借于这项权力，代议机关才逐渐取得了对于政府的整个控制与支配地位，现代财政才得以成为名副其实的民主财政、法治财政，政府才得以成为名副其实的责任制政府。由此可见，建立健全预算法律制度对现代财政和法治国家的建设而言至关重要。中国宪法基本确立了全国人大在财政预算监督中的地位和作用，但中国的预算法律制度离现代财政建设仍有很大距离，有许多值得改进和完善之处。一个现实的问题是，大量的预算外资金游离于全国人大的预算监督之外，乃是中国目前现代财政建设的一大缺陷和难题。预算外资金主要有两个方面的来源：一方面，来自为社会提供公共产品的行政性收费，对这部分资金应通过税费改革逐步纳入预算管理；另一方面，来自具有公共职能的行政职能部门通过市场经营活动所取得的服务型收入，对这个问题，可以通过机构改革来解决，公共职能部门尽量退出市场。中国政府预算报告的内容主要是概括地罗列各项财政收入、财政支出项目以及财政节余或者财政赤字，但这还不能完整地体现政府的财务状况，因此建立更详尽的政府财务报告制度对代议机关监督政府财政行为并进而促进现代财政建设无疑是意义重大的。但是，预算决策权在代议机构是预算法治化的核心，而不是中国目前的由财政做预算，在预算执行几个月之后送全国人大审议。其实，预算是公民依据公共契约对国家的授权度支，预算的本质是法律。预算是年度立法，其他法律是永久立法。从一定意义上讲，全国人民代表大会通过的政府预算就是法律，就具有法律效力。可见，现代财政下的政府行为是被置于法律的约束与规范之下的，具有了法治性。法治化是现代财政制度改革的精髓，只有财政法治化，才能实现中国政府行为的法治化，从而最终实现整个社会的法治化。

　　事实上，现代财政的整个框架与运行机制及过程都必须高度法治化，财政收入的方式与数量和财政支出的规模与去向都必须建立在法治基础之上。同时，财政部门要总揽政府收支的执行权，即所有的政府收支完全归口于财政部门管理，改变起始于改革初期分权改革造成的分解财政收支执行权力的乱象。中国长期存在的许多政治、经济和社会问题都与这种乱象密切相关，如果不从体制与制度安排的层面上予以纠正，那么，这些问题及由此产生的一系列深层问题就无法根本解决，长此以往，必然会极大损伤政府在日益民主的公民社会与高度多元化的经济时代中的公信力，乃至政府的合法性也会受到质疑。

4.3.2 中国法制传统与文化

中国有着悠久的法制传统，几千年的中国法制体系是完备而且没有中断，法律历来为统治阶级所重视。然而，几千年中国的立法精神和法制传统都是把国家与政府看作神圣的，个人是卑微的，是国家与政府对小民进行呵护，小民爱惹是生非"给政府添麻烦"。时至今日，从中国现行宪法来看，仍然保留着几千年来传统立法的精神实质，尤其是计划经济时期的立法原则，它只是充分肯定了一些基本的政治、经济、文化和社会的事实，大部分内容以国家政策为导向这与西方国家宪法的内容形成鲜明对比。西方宪法贯穿的是一种普遍的对政府防范式的思维和对政府的不信任态度，而中国宪法体现却是一种建构式思维，在这背后是一种合作式的思维模式，这种思维下的宪法无法反映政府扩张冲动的现实。① 因此，这种注重整体忽视个体的法制传统很难孕育个体本位文化和独立精神的。而个体独立地位的确认与尊重，私人财产权的确立与顾忌是商品交换

---

① 赵世义，刘连泰，刘义. 现行宪法文本的缺失言说［J］. 法制与社会发展，2003 (3).

和市场经济的前提，也是法治和现代财政产生的基础。

从更深层次来看，这与中国传统农业社会的过早成熟和长期辉煌有关。由于中国几千年来的农业优势确立了中国封建社会的长期鼎盛，而封建社会的农业优势是通过把农民固定在土地上实现的，这也是中国封建社会历来对户籍与农民的自由迁徙实行严格管理的原因。封建社会的社会结构长期固化而形成的超稳定结构，一方面发展了传统农业与铸就了封建社会的文明，另一方面也形成了人情与人治的文化传统。可以设想一下，村民祖祖辈辈同村比邻而居，血缘关系纵横交错，更有甚者一村之中绝大多数村民共同拥有一个并不遥远的先祖，这样的一个群体一起生活，一起劳动，很难形成一定的等价交换的规则，也很难按照一定的法律法规行事，而往往以族长的协调和解决。今天，虽然城市化的迅猛发展，市场经济的强烈冲击，传统的人情与人治传统受到很大考验，但是远远没有达到土崩瓦解的地步。因为，今天中国城市中的绝大多数人口仍与祖籍有着千丝万缕的联系，更有相当一部分有农村生活的经历。可以说，今天的中国仍然是一个人情与人治的社会，老乡观念仍然大行其道，各地驻京办仍然通过同乡名流的捧场与支撑而兴旺发达。

自然，不同文化传统只有特色之分而无优劣之别。中国传统文化有自己鲜明的特色，平心而论，也有自己的不足之处，尤其是在市场经济的当代社会，契约精神、法治传统、平等独立等都是市场经济所必须，也都是中国传统文化所忽视的。因此，建立在西方传统文化基础上的现代财政，在中国必然有一个漫长的适应与扬弃的过程，必然有一个阵痛与磨合的过程，而这一过程又离不开法治精神与文化的培养。

4.4 本章小结

现代财政作为产生于市场经济，并以市场经济为运行平台的财政类型，市场化程度是现代财政公共性得以实现的前提条件。没有充分的市场化，现代财政的建立既无必要又无可能。私人财产权的确立与市场经济的建立互为因果，没有私人财产权的确立，市场交换就不可能充分、高效地实现，契约关系就难以有效履行。因此，中国市场化过程中的私人财产权问题与垄断行业的市场扭曲问题亟待解决。

现代财政的本质与产生的根源是法治与民主，非此现代财政不可能建立。从法治角度看，中国的法制化已初具雏形，但法制与法治有天壤之别，本质上看，法治是一种文化，是一种传统，它是根植于市场经济与法治精神的。中国几千年来的传统农业社会及其超稳定结构产生的与之相适应的人情与人治传统，既导致市场经济先天发育不足，又造成嫁接而来的现代财政建设步履维艰。

第5章

现代财政透明度的实践透视

　　财政透明作为一种价值追求，内在地根植于现代法治和民主原则之中，而作为一种实践工具，则直到 20 世纪末才逐渐在全球范围内引起国际组织和各国政府的重视。① 财政透明度最初在欧盟国家得以强调和执行，为达到 1992 年签署的《马斯特里赫特条约》规定的财政目标，欧盟面临成员国有可能大造假账的严峻形势，为此，欧盟向签约国提出了财政透明度的要求，并将其作为加强财政管理的首要目标。1998 年国际货币基金组织（IMF）为了应对经济和金融全球化，通过了世界上第一部旨在为各国确定财政透明度一般原则的政府间组织文件《财政透明度良好做法守则——原则宣言》。总体来看，除 OECD 部分发达国家和南非、新加坡、阿根廷等国家之外，世界各国财政透明度普遍不高。就中国的财政透明度而言，财政透明度排名在世界上比较落后，财政信息公开透明的程度亟待提高。然而，在相关国际组织和各国政府的大力推动下，财政透明已经成为不可阻挡的国际潮流。

---

　　① 中国地方政府预算透明度问题研究课题组. 地方政府预算过程中的透明度问题研究［R］. 2010 年 6 月。

5.1 财政透明度的国际经验

尽管世界各国财政透明度普遍不高，但是，以美国、英国、新西兰、法国等发达国家为代表的 OECD 国家的公民获得政府信息的程度比较高（见表 5 - 1），相应地，这些国家的财政透明程度也较高。

表 5 - 1　　　　　　OECD 国家政府信息透明情况

类别	意大利	法国	土耳其	日本	墨西哥	西班牙	加拿大	美国	俄罗斯
公民是否具取得信息的权利	100	100	100	100	100	100	100	100	67
取得信息的权利是否有效	85	80	75	70	65	65	65	55	55
公众取得政府信息指标	93	90	88	85	83	83	78	78	56

资料来源：苏彩足. 政府透明化分析架构建立之研究 ［EB/OL］. http：//www. govbooks. com. tw/viewitem. aspx？prodno = 27539.

5.1.1 美国财政透明度的实践

美国是 IMF 的 SDDS 接受国，不仅在数据公布范围方面完全符合 SDDS 的要求，而且在频率和及时性方面还高于 SDDS 的要求。[①] 美国财政透明度伴随着美国现代预算制度的建立而逐步实现，具体体现为以下几个特点：具有完备的法律体系支撑；预算编制程序公开透明；预算文件的获得性高；财政透明的信息化程度高。

---

① IMF 分别于 1996 年和 1997 年制定了数据公布特殊标准（special data dissemination system，SDDS）和数据公布通用系统（general data dissemination system，GDDS）。这两个系统是 IMF 向成员提供的一套在数据采集和披露方面的指导标准，使各成员在向公众提供全面、及时、准确、可靠和容易获得的数据方面有共同的依据。

1. 透明度与美国现代预算制度的建立

美国是世界上财政透明度比较高的国家之一。美国财政透明度的实践是一个伴随现代预算制度的确立与政府信息公开制度的形成而不断演化的过程，在此期间，财政透明的程度不断提高。

进步时代（1880~1920年）是美国现代财政制度的成型期。在此之前，美国从联邦政府、州政府到地方政府，都没有完整的公共预算制度。那时的预算不过是一堆杂乱无章的事后报账单。在这种情况下，民众和议会都无法对政府及其各部门进行有效的监督，为贪赃枉法留下无数机会，腐败现象屡禁不绝。

现代企业制度有力推动了公共预算制度的形成。从1870年到"一战"期间，现代工业企业制度成熟起来，现代组织结构和会计程序也随即完善。控股公司内部建构了复杂的管理阶层，企业持续不断的对外投资，并努力争取外部资本支持，企业所有权与经营权的分离更使现代意义上的会计体制迅速出现。企业主为应对形势与争取外部资本，被迫扩大财务公开的范围，以消除立法机关和公众的疑虑。受此影响，预算改革者们认识到，像私营企业一样公开政府的财政收支，也同样具有五大好处：第一，会计公开可以使公众知晓其政治代表的决策。第二，它提供了制约公共服务企业的手段（城市公民权的保障）。第三，它促进金融稳定，加强政府信用。第四，它提供了城市比较的基础，使得每座城市都可向其他城市学习。第五，通过征收州政府税收等功能，加强州的中央行政管理控制，并强化州对城市活动的监督。①

随着预算改革者的不断推动，1908年纽约市推出了美国历史上第一个现代预算。1910年，公共预算改革扩展到了联邦一级。1912年，克利夫兰发表了名为《国家预算的需要》的文章，这篇著名的

---

① 乔纳森·卡恩著，叶娟丽等译. 预算民主 [M]. 上海：格致出版社，2008.

文章全面阐述了联邦公共预算改革的原则和步骤，对人们的疑问给予了回应，消除了不少疑问，成为美国预算民主历程上的里程碑。到1919年美国已有44个州通过了预算法，十年之后，除阿拉斯加外，所有的州都有了自己的预算法。1920年5月26日，美国参众两院联合委员会通过了"古德法案"（即"预算与会计法"）。从西奥多·罗斯福、塔夫特、威尔逊、哈丁，到富兰克林·罗斯福，美国政治家们在30多年的时间里最终实现了从地方到联邦的全面预算民主制度，从而使公共预算成为各种利益集团在政治领域寻求自身利益的有效工具。① 毫无疑问，纽约市的预算改革在20世纪初期的美国具有深远意义，这也是对美国旧有政治传统的一个革命式重建。

美国现代预算建立的过程中，预算的公开透明起到重要的推动作用。1911年纽约市政府花费10万美元，举办首届"市政府财政预算展览"，不到一个月的时间就有大约100万纽约市民参观。此后，纽约市将预算展览常年设立在城市学院里，随时供人们参观。在1916年的预算展览上，"纽约市政研究局"的一位研究者做了一个模型，用以说明市民作为一个消费者如何去消费政府提供的服务。纽约市政研究局创办的市政研究与预算展览广泛地吸引了来自美国其他城市的市民，继而，辛辛那提、费城、芝加哥、密尔沃基、哈特福特等城市陆续办起了自己的预算展览，就连一些小市镇亦有此类尝试。在这个过程中，纽约市政研究局不仅积极的四处推介改革经验，通过周密细致的社会调查摸清经验并复制到各地的可能性和可操作性，而且还出借自己的工作人员，直接帮助其他城市当局在相对规范和科学的轨迹上展开改革试验。可以说，美国现代预算建立的特点之一就是预算的公开透明，透明是推动现代预算建立的重

① 高新军. 预算民主，重塑美国政府 [J]. 中国改革，2008 (9).

要手段。①

2. 美国财政透明度评价

第一，美国财政透明度有完备的法律体系作支撑。从 1966 年美国制定并实施的信息自由法到 1976 年制定的阳光照耀下的政府法案，以及 1974 年和 1986 年美国国会先后修订的信息自由法案，直到 1996 年又修订而成为的电子信息自由法，最终形成了信息公开透明的完备的法律体系。除了联邦信息自由法以外，各州也有不同的关于信息自由的法律，让公众能够获得州和地方政府的档案资料。经过 30 多年的努力，美国建立了完备的信息公开制度，为财政透明度提供了良好的法治环境。

第二，美国预算编制的程序公开透明。一是预算年度的确定。美国联邦的预算年度为每年的 10 月 1 日至次年的 9 月 30 日，实行跨年度制。二是预算编制的部门确定。美国的预算由总统管辖下的行政管理与预算办公室和财政部承担，这些部门之间无隶属关系。三是预算编制的程序确定。美国预算程序要经过四个阶段，即编制预算草案、审议预算草案和批准草案、预算的执行、对预算执行情况进行审核监督。美国预算的准备时间比较长，一般提前 18 个月即开始运行。所以总会有"三个预算"并存：一个在草拟中；另一个在批准中；还有一个在执行中。政府提交了预算草案以后，议会要经过辩论、听证、修改、宣读程序和最后批准的过程。在这个协调和批准的过程中，议员和各方面的意见得到了表述，预算也更能反映社会要求。②

第三，美国重要预算文件的可获得性高。作为衡量财政透明度

---

① 高新军. 寻求秩序：美国"进步时代"从乱到治的启示 [EB/OL]. http：//www. tecn. cn/data/26526. html.

② 傅光明. 论国外的财政公开制度 [J]. 财政研究，2005（1）.

的八个国际通行文件，即先期预算陈述、公共预算提案、公民预算、立法预算、年度报告、年中回顾、年终报告、审计报告，美国只有先期预算陈述和公民预算没有之外，其他六个重要文件都具有很高的可获得性。在公开预算指标中，美国的指数显示，在预算年期间政府就有中央政府预算和财政活动的问题向公众提供大量的信息资料，这使公民能够就政府管理公共资金的问题进行问责。在美国，公共预算提案为公众提供了大量的信息，这意味着公民对政府下一年度的税收和费用计划将有全面的了解。美国公布了详细的年度报告以及年中回顾。而且，美国有向公众发布审计报告并且提供关于审计报告提议是否成功得到实施的信息。另外，获取政府在一项特定工程或活动的详细预算信息的渠道相当广泛。美国法律也明文规定公民对政府信息有知情权，公众在实践中基本上能够享受该法规赋予的权利。预算文件明确列出预算预测情况，并披露所有重要的宏观经济假设。① SDDS 对接受国在广义政府和公共部门操作方面的公布频率要求是年度，而美国达到了季度；SDDS 对接受国在中央政府债务方面的公布频率要求是季度，而美国的公布频率是月度。美国联邦国库部每天的现金状况都要在第二天下午 4：00 公布在互联网上，联邦政府每月的预算执行情况都要在第二个月的第 8 个工作日公布在互联网上，公布的内容很详尽，包括收支总表、收入明细表、支出明细表、融资表、月度收支表、联邦信托基金表、收入来源表、支出功能分类表。负责编制和公布财政数据的商务部经济运行局、国库部和联邦储备委员会都会定期在自己的外部网页上公布数据，并在每个财年结束的月份公布有关下一年度财政数据公布日期的日程表（见表 5 - 2）。

---

① 《分析观点》中有关经济假设和分析的部分 [EB/OL]. http：//www. whitehouse. gov/omb/budget。

表 5 - 2 美国财政数据管理的有关情况

范围	数据内容	数据编制和公布机构	数据来源	频率	及时性
广义政府或公共部门操作	预算内外收支、盈余/赤字	商务部经济分析局	联邦财政数据来源于联邦政府预算、会计和管理信息，州和地方政府数据主要来源于五年一次的普查、政府的年度普查和各州及地方政府的税收报表	季度（财政收支及收支差额数据）；年度（非金融公共企业的总盈余/赤字）	1个月（基本支出和总投资）；62天（第二季度基本收入数据，广义政府盈余/赤字）；92天（第四季度数据）；7个月（非金融公共企业赤字/盈余数据）
	赤字融资	联邦储备委员会	主要元数据来源于国民收入产出账户表（NIPAs）、"月度国库报告"和其他不同报告	季度	9~11周
中央政府操作	预算内外中央政府收入、支出、盈余/赤字和融资	国库部	数据基于实际决算，数据主要来源于联邦拨款机构的月度会计报告和来自于联邦储备银行的每天报告	月度	一般来说是14个工作日，不迟于下一个报告月的月末。每一财年最后一个月至9月的报告受制于年度报告要求，不迟于10月31日公布
中央政府债务	预算内外联邦政府显性债务（按债务工具类别和期限分类）	国库部	数据收集系统称之为公共债务会计和报告系统（PARS），主要基于联邦储备银行和国库部公共债务局的每日报告	月度	"美国公共债务月度报告"：月度的4个工作日，不迟于下一个报告月度结束后的8天；"美国国库月度报告"：月度的14个工作日，不迟于下个报告月末

注：国库部每天的现金状况都要在第二天下午4：00公布在互联网上［EB/OL］. http：//fms. treas. gov/dts/index. htm/。

资料来源：http：//www. mof. gov. cn/pub/zonghesi/zhengwuxinxi/zonghexinxi/200806/t 20080620_47607. html.

第四，美国财政透明度信息化程度高。美国各州的政府部门主要通过计算机网络报送预算申请，这些预算申请直接进入预算数据库，经过计算机处理后生成预算工作文件。预算办公室拥有利用本州各种重要预算信息的技术手段，例如，预算办公室实现了与审计、人事、税务、议会等部门的计算机联网，可以通过网络调用有关信息。现在各州预算办公室均在着力开发高度集成的预算管理信息系统，从而实现用同一系统对预算信息、会计信息、工资发放、人员变动等信息的集中统一处理。各州预算办公室也利用计算机技术增加公民了解政府的渠道，从而增强公民的参政议政的能力。例如，美国得克萨斯州，为了能让公众更加准确地了解州政府的财务状况，州政府推出了被称作"德州预算资源"的系统，让民众通过傻瓜化操作便能查询政府支出的细目，甚至不到 1 美元的办公用品都可以查到。在计算机系统的帮助下，各州均编制了大量的预算文本以规划、评估及监控政府财政收支。这些预算文本包括预算编制说明、部门预算申请、州长递交的预算草案、议会通过的预算法案等。现在，美国各州预算办公室均有自己的网站，从这些网站上能下载有关预算信息甚至是全套的正式预算文件。[1]

5.1.2 英国财政透明度的实践

英国财政透明度以完备的法律为基础。1911 年英国正式出台国会法案，通过法律确立了现代法治意义上的议会对财政税收的控制监督和财政公开的规定。另外，英国的财政透明度既有一般的信息自由法案作保障，更有具体的财政责任法等予以明确规定。英国财

---

[1] 美国税制和州政府预算管理情况［EB/OL］. http：//www. mof. gov. cn/yusuansi/zhengwuxinxi/guojijiejian/200809/t20080927_78880. html.

政透明度又是建立在规范的财政管理体制基础上，加之英国的法治传统，因而使英国财政透明度达到很高的程度。

1. 英国财政透明度的法律基础完备

2000 年英国颁布了信息自由法案，并于 2005 年 1 月全面生效。信息自由法案赋予公众获取公共部门的有关信息的权利，其目的是增强政府部门工作的透明度，使其政策制定更加公平、民主和开放。英国政府还根据欧盟的公共部门信息再利用指令制定了英国的公共部门信息再利用条例，该条例自 2005 年 7 月生效。

英国直接制定了预算公开透明的特定法律。英国在预算编制、执行、报告、监督等各环节有明确的关于信息公开透明的法律规定，例如，英国的财政稳定法与政府资源会计法严格规定了政府公布其预算及资产管理状况的义务。英国于 1988 年制定的财政稳定法，目的是促进财政政策的可信性和透明度。政府制定财政政策，必须遵守透明、公开和信用等原则。财政稳定法的核心部分，是发布数据要独立审核，保证财政预测数据的全面、可信。这是财政政策的基础。财政稳定法明确设定了政府财政政策的中期目标和短期目标，与货币政策的关系以及相互间的协调。财政稳定准则中，财政透明被列为五大准则中的首要准则。

2. 英国财政透明度的财政管理基础较好

第一，英国预算管理体制为财政透明度提供了制度保障。英国是中央集权型单一制国家，由英格兰、苏格兰、威尔士、北爱尔兰四个地区和大伦敦市组成。英国财政体制比较简单，中央财政收入比重较大，中央与地方的事权划分比较明确，这为财政透明度提供了必要的基础条件。具体来看：（1）英国的预算形式有利于财政透明度。英国实行复式预算，预算完整统一，为财政透明度提供了制度保障。预算作为英国财政管理的核心，预算文件具有多方面的重要作用，它不但是政府的开支计划，还是收入分配的规划、经济发展规划的建议以及刺激或遏制经济的手段。英国的预算分为统一国库基金预算和国家借贷基金预算，前者相当于经常预算，税收约占总收入的96%，其余是社会保障收入、捐款、利息和股息的收入；而支出分为由议会批准的日常支出（又称议定支出）约占总支出的93%和不经议会审查批准的统一基金的永久性支出（又称既定支出）约占7%。议定支出项目主要是军费拨款、对工农业的投资、管理机构经费、社会文化设施建设费、补贴地方政府支出、对发展中国家的拨款等。（2）英国的国家预算程序有利于财政透明度。英国的预算程序法定规范包括：一是预算的编制规范。英国财政部负责编制国家预算，财政大臣拟定财政收入概算，而预算支出的编制则是以白皮书的形式发表的为期5年的政府公共支出计划。预算编制的具体过程先由是财政部向各部门发出编制概算的通知，各部门编制概算估计书后提交财政部，由财政部审核汇编出英国政府支出概算，然后与收入概算一起提交议会议决。二是预算的审查与批准规范。内阁负责审查国家预算，审查的主要内容是财政指导方针和目标，其重点是支出的效益和有效性。三是预算的执行和追加规范。从预算管理机构及分工看，支出预算由财政部指导、监督政府各主管机关执行。各部大臣负责本部门支出的经济效益和资金的有效使用，审计长负责领导预算执行的审计监督。预算执行管理，首先，保证一年支出计划的总额不得突破；其次，对现金限额范围的管理；最后，财政年度内允许拨转，一个部门可以在一个决议拨款中的两个款项之间进行拨转，但不能将一个决议拨款转到另一个决议拨款。这种转拨需经议会批准。（3）英国的国家预算管理体制有利于财政透明度。中央与地方财权与事权界定清晰明确，这是财政透明度的前提。

第二，英国政府统一账户体系建立的主要目的就是提高财政透明度。政府统一账户（WGA）是指覆盖英国所有公共部门的一组合并财务报表。这套体系借鉴了商业会计的方法，基于通用会计准则（US GAAP）而设计的为整个公共部门提供统一的合并财务报表，其目的在于：提供质量更高的、更透明的信息，支持财政政策的发展，更好地提供公共服务，以及更有效地分配资源。《政府资源和会计法案2000》为 WGA 提供了立法框架，它要求财政部为每个履行公共职能的实体，以及部分或全部由公共资金支持的实体准备 WGA。具体而言，基于 GAAP 的 WGA 的合并范围包括英格兰、苏格兰、威尔士、北爱尔兰四个地域的各种类型的 1300 多个公共实体。① 近年来，WGA 已经从最初的关注增加透明度、增加各类政府部门和公共实体之间的财务责任，发展到与政府决策直接相关。不论对政府本身，还是对议会、纳税人等其他潜在使用者而言，建立 WGA 都具有明显的好处。政府希望 WGA 能够为各个层次的政府部门、议会、纳税人等用户提供质量更高、更透明的信息，以辅助经济政策的发展，通过更好的决策促进经济绩效的改善，从而使纳税人受益。编制政府统一账户有助于形成审慎的理财观念，将政策制定的基点从短期考虑出发转为从长期考虑出发，提高资源的分配效率，提高有关财政政策的数据同有关公共支出规划与控制的数据之间的一致性。总之，有利于政策制定工作的改善，有利于财政透明度的提高。

第三，公共部门管理的企业化改革，提高了政府部门会计信息透明度和准确性。私人部门介入公共服务领域后，必然对政府部门会计信息的透明度和准确性提出更高的要求，而且要求政府部门有一个较好的平台来进行核算比较，从而能够很好地对成本进行计价和核算。资源会计与预算的实质是要确保决策者可以获得全面可靠的信息。实施资源会计与预算有利于提高为经济管理目的服务的信

---

① 郭俊华. 英国政府会计改革：政府统一账户的最新发展及评价 [J]. 国际经贸探索，2008（24）：5.

息同为预算分配与管理服务的信息之间的一致性，为合理地比较私
人部门与公共部门的活动提供可靠的保障。

3. 英国财政透明程度很高

根据国际预算项目（international budget project）对世界上 85 个
国家 2008 年财政透明度的评价，英国财政透明度排名第一。作为衡
量财政透明度的八个国际通行文件，即先期预算陈述、公共预算提
案、公民预算、立法预算、年度报告、年中回顾、年终报告、审计
报告，英国公民都可以比较容易的获得。在公开预算指标中，英国
的指数显示：在预算年期间政府有就中央政府预算和财政活动的问
题向公众提供大量的信息资料，这使公民能够就政府管理公共资金
的问题进行问责。在英国，行政预算提案向公众提供了大量的信息，
这意味着公众对政府来年的税收和费用计划有全面的了解。此外，
要对政府的花费，税收征管以及借款进行跟踪是很容易的事情。英
国公布了详细的年度报告以及年中回顾，公布这些文件大大加强了
公共受托责任，因为他们提供了当年预算执行情况的最新信息。要
在预算年结束后对英国的预算成果进行评估也很容易，英国提供年
终报告，公民可以依据该报告对事先的预算和实际的支出收入进行
对比。公民获取政府在一项特定工程或活动的详细预算信息的渠道
相当广泛。英国法律已经明文规定公民对政府信息有知情权，公众
在实践中基本上能够享受该法规赋予的权利。

5.1.3 OECD 部分成员国财政透明度的实践

OECD 把预算透明看作政府预算制度的灵魂。OECD 国家增加透
明度改革主要致力于三个方面：一是进一步公开预算数据；二是更
好地发挥立法的作用；三是更好地发挥社会公众的作用。

1. 新西兰财政透明度的实践

在预算透明改革方面新西兰一直走在前列。在 1989 年的现代财

政法案中，明确规定所有的财务报告都要采用权责发生制，并向公众公开报告内容。新西兰作为世界上第一个全面采用权责发生制的国家，从 1989 年开始尝试用权责发生制的会计制度来规范预算和拨款环节。新西兰也是世界上第一个定期公布非金融绩效的国家。新西兰的预算透明改革所带来的经济和非经济成效，一直受到国际组织和很多国家的赞赏。新西兰议会于 1989 年通过的地方政府改善法要求地方议会要公布以下预算文件：关于财政形势的声明；总体运作状况的声明；用金融和非金融术语对每一项重要活动发布的声明；现金流量表。与此同时，该法还要求地方议会在财政年度开始前、预算草案的准备阶段、议会做出重要政策动议之前，都要将相关文件在公共场所公示，接受公众的咨询和意见。对于公众的提议，议会必须以公开会议的形式进行讨论。1994 年所颁布的财政责任法，也被认为是将中央政府的透明和责任程度推到前所未有的地步。1994 年的财政责任法案强调，任何与财政责任的基本原则相违背的事项，都必须要向社会公开。财政责任法案要求政府：对于 7 月 1 日开始的财政年度，在 3 月 31 日前公布"预算政策声明"，包括即将出台的预算的战略重点、短期财政打算和长期财政目标；在定期的"经济和财政最新情况"中披露在为期 3 年的预测期内财政决策的影响；根据公认的会计标准提供所有财务信息。这要求提供全套预测财务报表和报告——经营报表资产负债表、现金流量表、借款表和公正地反映政府的财务状况所必需的其他任何报表；向议会特别委员会提交法案所要求的全部报告。财政责任法案包括的一些具体的财政报告要求有：在任何大选前 42～14 天公布选举前经济和财政最近情况；对为期至少 10 年的时期的财政趋势预测；有关政府的承诺和具体财政风险的声明，包括或有负债。①

---

①　国际货币基金组织. 财政透明度［M］. 北京：人民出版社，2001.

2. 德国财政透明度的实践

20 世纪 90 年代兴起的"新公共管理"运动，是德国引入预算透明机制的一个重要契机。该运动的一个重要的改革内容就是从技术和规则两个层面强化预算透明的实践。在技术层面上，德国地方政府的一个重要转变是就逐步引入了权责发生制的会计准则，同时扩大了预算信息的公开数量，并以此为基础而广泛采纳以结果为导向的预算技术。在规则层面上，德国地方政府采纳了国际公共部门会计标准的要求，将有权获得预算信息的主体明确为议会和执行机关的成员、统计官员和其他全国性的政府部门、债权人、投资人、供应商、财政分析专家、媒体和公众。因为在上述改革措施中包含有较多顾客取向的政府服务内容，因此，德国的地方政府的预算透明改革也就带有较强的"新公共管理"运动的改革取向。

德国财政透明度体现在政府预算编制的过程之中。德国政府预算程序分为预算编制、议会审议通过、各部门组织预算执行、预算的事后检查和评价四个阶段。德国基本法规定，各级政府在编制预算时，不能机械地决定政府收支，而应充分注意总体经济的平衡，注意对整体经济发展的调控，并服从预算管理的四大目标，即保持物价稳定、实现充分就业、确保对外收支平衡、保证经济持续适度增长。与此同时，预算编制必须完整统一，所有收支均应列明，不允许出现"黑账"；要有前瞻性，制定中长期规划。德国极其细化的政府收支分类为财政透明度提供了制度基础。目前德国联邦政府收支分类共分 9000 多个收支科目，其中 1500 个收入科目，7500 个政府支出科目。分类体系保持了部门分类、功能分类、经济分类三个层次。德国在 20 世纪 60 年代末最先报告税收支出信息。在德国，税收支出作为"补贴报告"的一部分予以报告，"补贴报告"包括通过直接支出和税收支出提供的各种形式的联邦支持。①

3. 法国财政透明度的实践

法国的行政文书公开法规定了广泛的公开主体，不仅包括国家行政机关、地方行政机关，还包括公共设施的公法人及公共管理职能的私法人等。可以说，法国的公开制度是一种广义上的政务公开，而不仅仅限于狭义上的行政公开。如果从财政透明度的角度来看，法国财政透明度有以下几个特点：第一，从法国财政管理体制的核心即预算管理体制来看，财政透明度具有良好的制度基础。第二，重视财政监督权力的制衡。法国严格的监督检查制度是建立在财政监察专员制度和财政公共会计制度基础上的。严格的来自财政部门之外的财政监督客观上需要提高财政透明度，法国财政透明度较高的原因之一就在于多层次、相互交叉的严密财政监督。第三，全部财政收入纳入预算，严禁开设预算外账户。第四，大力推动财政透明度改革。1994 年采取了许多步骤来改进在预算文件制作中的透明度，取得了以下三个目标：一是改进了国会信息。除了要发布常规的预算文件以外，人们还可以通过计算机化的预算信息数据库进行访问，使进行任何的需要的加工和分析成为可能。二是提高了文件连续性。这是一个真正的民主控制的前提。人们可以要求预算的数据在提供时要附带简要的评论和能够证明政府资金使用正当的令人信服的指标。三是提高了透明度，也扩展了对消费者的保护。通过将消费者的立法编成一部法典，可以把散落在单个文件中的与消费者相关的各项法律条款集中到一起。这样就提供了更加透明的法律条文，同时也使消费者行使他们的权力变得更加容易，这样消费者更可以在透明的状态下行使其权力。为了更透明的预算管理，法国

①　德国财政预算制度及政府间财政关系［EB/OL］. http：//www. mof. gov. cn/yusuan-si/zhengwuxinxi/guojijiejian/200810/t20081020_82834. html.

全国范围内采取了一种广泛通用的程序对整个预算框架进行现代化的改革。法国议会在2000年8月重新制定了涉及对整个公共部门管理的法律——基本法，以便提高公共部门的透明度和绩效水平，权责发生制会计制度的引进和采用是整个这套法律中的一部分。这项改革可以向议会提供更多更翔实的信息。在议会对预算案进行审核的时候，各部门都要提交其绩效报告，来对其活动的结果和以前的绩效计划进行对照。议会对预算案进行表决之后，各部门都要提交其绩效计划，计划中要有明确的目的和目标，以及衡量这些目的和目标的方式，包括一些量化的绩效指标，以及完成这些目标可能会产生的费用。对预算案进行表决之后，议会还要批准中央政府按权责发生制会计原则编制的财务报表，这就赋予政府一种法律上的责任来真正实施权责发生制会计。这样，就使得法国财政透明度大大提高。①

5.1.4　其他国家财政透明度的实践

中南美洲的巴西和阿根廷、非洲的南非、亚洲的新加坡等国家财政透明度比较高，而中东石油输出国、非洲撒哈拉以南国家、亚洲大部分国家的财政透明度不高。国际预算项目（IBP）对近两年多国财政透明度对比研究发现，大多数国家的财政透明状况都在改善之中。

1. 中南美洲部分国家的财政透明度

除巴西和阿根廷之外，中南美洲财政透明度程度不高。巴西财政部于1987年建立了以计算机网络为基础的财政管理统一体系，涵盖预算编制、税收、国库、银行账户、预算单位等预算收支的所有

---

① 法国政府财政管理体制总览［EB/OL］. http：//www. mof. gov. cn/yusuansi/zheng-wuxinxi/guojijiejian/200810/ t20081009_80959.

环节，用于监控预算收支的增减变动情况。1998年，巴西开始实施绩效预算，注重预算信息的评估。200年4月颁布的财政责任法，规定将预算信息全面公之于众。巴西进行了政府会计制度改革，严格政府机关账户管理，要求公布预算执行报告、预算管理报告，并明确了相应惩戒措施。随着网络的普及，巴西政府建立了透明导向的政府门户网站，公布其预算执行情况、合同、采购招标情况及各项行政开支情况。各地方政府应在网络上公布大型工程和社会项目的投资及资金使用情况。2009年颁布的新自由信息法，进一步为政府信息公开提供了较为完善的法律保障。此外，巴西作为参与式预算的重要策源地，其参与式预算开展情况得到联合国的好评。1998年的参与式预算活动，被认为是预算透明在地方实践的"破冰之旅"。如今，在巴西全国广泛展开的参与式预算，为公民和民间组织参与预算决策、监督预算资金使用情况提供了便利条件，进一步促进了预算的公开透明。①

阿根廷的财政透明度比较高。阿根廷预算从编制开始直到执行，都在议会及社会公众的监督下进行。预算提交议会审议时，有关部门负责人要接受议员的质询，就预算编制中的具体问题做出解释。预算法案通过后，会在报刊、网络等公开媒体上公布，公众可以随时查询资金的用途。预算执行即时监控。各部门预算执行中，阿根廷经济部通过强大的信息网络系统，可以在网络上完成预算编制执行的所有工作，对每一笔财政资金都能够进行跟踪监控，一旦发现实际执行数与预算数产生差异则要详细分析形成差异的原因，及时调查了解事实真相，确保预算执行准确无误。尼加拉瓜表示了实施信息自由体制的决心，当地市民社会团体也认识到他们关注的无论

---

① 马蔡琛，王亚欣."金砖国家"预算透明度的比较与启示——兼论预算透明度提升的动力机制［J］.南京审计学院学报，2012（11）.

是人权、民主，还是环境保护、劳工问题，都与信息自由密不可分，因而将注意力放在信息自由项目上。玻利维亚在 2003 年经历了社会动荡，而造成社会不安定的主要根源就是公民对政府信心的丧失和政策制定的极不透明。由于唯一获取信息的渠道多半是谣传，人们的不安全感日益强烈。未来政策取得成功的一个至关重要的因素就是玻利维亚的人民必须能够自由获得信息。玻利维亚政府试图采取这样一个战略平台将国内的信息自由机制正式化、规范化，通过自愿以各种方式公布信息、回应请求之外，这些机构还将开始一个由秘密行政的文化向透明政府转变的过程。

2. 非洲部分国家的财政透明度

非洲国家的财政透明度普遍不高，它们大多位于撒哈拉沙漠以南非洲及北非。但是，即使在艰苦条件下，个别国家的财政透明度却比较高。例如，在非洲，博茨瓦纳和南非的透明度已经达到令人佩服的水平。较低收入国家乌干达也向公民提供大量预算信息，而在依赖援助的国家中，加纳和乌干达的财政透明度高于平均水平。南非 1996 年通过的新宪法规定，要通过具体措施来实现透明理念转化为实际操作，1999 年南非制定现代财政管理法，进一步明确了预算的定期报告和责任评价制度。南非在预算准备阶段，该国非政府组织联盟会联合全国的力量，在全国范围内针对穷人的利益需求举行听证会。埃及的财政透明度尽管起点低，但是透明的程度在不断提高。埃及财政部开始大范围公开执行者的预算提案，埃及 2007 年对宪法的大幅修订增加了立法机构审议预算的时间，使立法机构能够逐项赞同或反对预算。肯尼亚的财政透明度不断得到改善。原因有以下几个方面：2007 年，国家审计局大举措处理积压的未经审核账目，并着手将《财政审计报告》公布在官方网站；2007 年成立国会预算局，帮助立法者进行预算调研，增强他们参与预算的能力，并且对公共支出进行追踪调查，通告预算的实施和执行；肯尼亚政府着手建立一个集合财政管理信息系统，这是一种支持预算制定和执行的信息技术系统，同时发起了一个预算编制倡议，主要是针对具体方案的实际效果，以便追查和监控资源。肯尼亚还为民间社团参与预算增加了机会。在2007～2008年预算中，肯尼亚政府开始在起草阶段请求公众成员通过向财政部发送电子邮件来提出建议和看法。并增设部门工作小组，聚集各界公众讨论政府方针，这为公众参与预算增加了途径。以上改革措施，有的是由政府在国际捐献者机构的支持下实施的，有的是由民间社团组织（如经济事务研究所和肯尼亚预算参与论坛）带头，并与国会协办的。

3. 亚洲部分国家的财政透明度

除新加坡和韩国等部分国家之外，亚洲国家的财政透明度总体不高。新加坡的财政透明度体现在以下几个方面：一是高度法治化的预算编制过程。新加坡的宪法和有关法律对预算编制周期、财政预算案的提出、财政储备的使用、财政部的监督管理权限以及国会、总统的审批权限等一系列问题都做出了明确的规定。财政预算法案一经发布必须严格执行，不得随意变更，如遇特殊情况需追加预算，必须提出新的法案提交国会专门讨论批准。二是权责相统一的"一本账"式部门预算体系。新加坡各部委、局、法定机构的预算草案必须包括经常性支出、资本性支出和转移性支出的"一本账"式的预算总额汇总，其中资本项目支出还要分项单独列示，所有预算支出项目不得留有缺口。三是严格的国库集中收付与核算。财政实行严格的收支两条线管理，各部门的法定收入直接缴入国库统一核算，支出由预算统一安排。财政部通过国库单一账户体系的建立，为各部委设立名义账户，各部委没有自己独立的银行账户。新加坡财政部设立专门的类似中国会计核算中心的核算机构，具体负责统一各部门财务开支的会计核算，并建立部门资产负债表，核算各部门的实际开支，为年度预算审计提供依据。四是科学有效的绩效评估机制。通过预算完成比例、目标完成情况和资本化成本等方面指标来考核各部门的预算执行绩效。①

韩国率先制定了关于公共机关信息公开的法律（简称《信息公开法》）。韩国首先在地方公共团体中推行信息公开法。自 1991 年清州市率先制定信息公开条例后，各地相继推行信息公开制度。截至 1996 年 5 月，在韩国 245 个地方自治团体中，有 171 个颁布实施了信息公开条例。1992 年当选的金泳三总统履行了其在竞选中的诺言，积极推进信息公开法的制定，并于 1994 年发布《行政信息公开指南》，提出了制定信息公开法的方针并着手进行准备工作。最终，《行政信息公开法》于 1996 年 11 月得以通过，于 1998 年 1 月 1 日起施行。韩国的信息公开法不仅将行政机关，还将法院、国会以及特殊法人、地方自治团体等均列为信息公开的对象。尤其需要指出的是，《信息公开法》在第 1 条中明确将保障国民的知情权作为制定该法的重要目的。从财政透明度来看，韩国的财政透明度较高，韩国又公布了公民预算，扩大了预算信息宣传、增进了公民对预算的理解和提高了参与预算的程度。②

5.1.5　财政透明度国际经验概要

财政公开透明的理念日渐成为世界各国的共识。各国根据自身的不同情况，在提高预算公开透明度方面采取了积极的措施和有益的做法，取得了较好的成效。概括而言，有以下几个方面的经验值得借鉴。

第一，完备的法律体系是基础。财政透明度高的国家一个共同

---

① 李健盛. 新加坡现代财政预算管理经验及其对我国的启示 [J]. 开放导报, 2006 (3).
② 刘莘, 吕艳滨. 政府信息公开研究 [J]. 政法论坛, 2003 (2).

的特点，就是财政预算法律制度完善，不仅在预算编制、执行、报告、监督等各环节有明确的法律规定，大部分国家还专门制定了预算公开透明的单项法律或对预算公开透明做出了明确规定。美国、法国等国家，通过宪法和一系列独立法来确保预算公开透明度的实现；英国、澳大利亚、新西兰、希腊、韩国、匈牙利等国家，直接制定了预算公开透明的特定法律；瑞典等国家尽管没有制定专门法，但预算公开透明作为财政立法的一条基本原则，对预算公开的要求在现代财政和预算管理等法规的相关条款中都有体现。

第二，完整的财政预算是前提。从成熟市场经济国家的财政实践看，财政预算应囊括所有的财政收支，不能出现财政资金体外循环的现象，更不应该出现预算外之外又有资金。预算外资金的大量存在并长期体外循环表明财政职能还不完整，也表明政府预算就不可能真正透明。财政职能的完整性要求对预算支出进行统一管理，而预算外资金的大量存在，严重分解了财政支出的统一管理职能。因为预算外资金的特性具有支出的随意性，破坏了财政支出管理的规范性和支出标准的统一性。成熟市场经济国家预算外资金规模很小，且政府一切支出均纳入预算管理，支出预算按"零基法"和"因素法"编列以及合理的定员定额标准支出体系、科学的政府预算收支分类，这些制度有效地抑制了公共支出部门经费的过度膨胀，确保了预算收支的公开性、合理性和严肃性。

第三，严密的监督体系是关键。财政数据的真实性应当通过高质量的数据标准和独立公开的监督两个方面来实施。数据质量标准主要包括对预算收支的准确预测、采用公认的会计标准、财政数据内部的交叉核对和与其他数据的协调，并通过内部有效的审计来实现。独立公开的监督是指国家审计机关的权威审计、专家认定监督和严格按照国家统计机关的统计数据核对。在预算法定的保障下，在科学编制预算的基础上，通过严密的预算监控程序，强有力的监控手段，健全的监督机构，完善的监督体系，使预算过程参与者之间相互牵制，以便全面、准确地反映、评价和监督公共部门受托责任的履行情况，及时纠正偏差，使预算执行结果与政策目标的偏离最小化，从而强化预算执行效果，提高政府施政效能。各国的成功做法证明，有效的多元化的财政监督体系，能够极大地确保财政透明度的实际效果。美国、加拿大、澳大利亚等，除了拥有独立的内部、外部审计机构外，还充分运用媒体与公众对财政运行情况进行监督；瑞典、英国、新西兰、韩国、匈牙利、希腊等国家，则是通过设立独立的审计机构对预算进行监管。同时，这些国家的统计局具有独立性，以确保能将财务数据的准确性作为财政透明度监管中不可或缺的一部分。法国财政预算的监控独具特色，呈现出监控体系完备和行政监控严密的特征。

第四，先进的技术手段是支撑。现代信息技术既提高了财政管理效率又使财政信息更加公开透明。完善的财政管理信息系统，为财政透明度提供了坚实的技术平台，通过对财政收支的实时监控和对国民经济运行质量及时分析，对财政资金进行全过程跟踪，更为有效地反映了政府可持续经营的状况，提高了财政管理的透明度和效率。财政管理信息系统借助现代信息技术，通过建立复杂的数学模型来提高财政收支预测的准确性，以避免财政收支预测的较大误差而带来预算执行上的被动局面。因此，政府预算透明度建设要有必要的技术准备。

第五，广泛的公民参与是根本。无论是发达国家还是发展中国家，财政透明度高的国家有一个共同的特点就是公民参与程度较高。扩大公民参与既是提高财政透明度的手段，又是提高财政透明度的目的。衡量财政透明度的一个重要指标就是能否提供公民预算，即把国家立法机关批准的预算用公民能够理解的语言简明地进行公开宣传，这种用公民理解的语言编成的简明预算就是公民预算。过多的细枝末节，过多的专业术语往往会掩盖真正的信息。透明度创造了不透明，信息过多反而是无益的。冗余的信息不但无助于我们认识事情本身，反而会蒙蔽我们的双眼，使我们知道得更少。曾担任美联储主席19年的格林斯潘说过这样的话，"如果你发现我说的话清楚明确，那你很有可能误解了我说的话"。① 因此，透明度的关键问题是公开公民真正想知道的信息，而不是表面信息的精确与丰富。

5.2 财政透明度的中国实践

抛开体制与民主法治不谈，当前中国财政透明度的最大障碍就是国民收入初次分配隐性机制的惯性影响。此外，财政管理体制本身存在的问题也是造成财政透明度不高的现实因素。客观来看，制约中国财政透明度的因素既有历史原因，又有现实原因，中国现代财政的公开透明就是在历史与现实的诸多制约因素交织中艰难地拉开了序幕。

5.2.1 中国财政透明度现状

透明是完善现代财政制度坚实的基础条件，财政透明度在促进公共资金使用效率，维护社会公平，打击腐败和保障纳税人权力上起到重要作用。以衡量财政透明度的原则（公开、法定、完整、多维、具体、真实、规范、便利和及时）来看，我国财政透明度亟待提高，与我国政治经济的发展程度仍显不相适应，远未能满足社会公众对政府信息提出的诉求。

---

① 沈联涛. 去蔽"透明度" [EB/OL]. http：//magazine. caijing. com. cn/2009 - 04 - 12/110140535. html.

1. 财政参与初次分配的隐性机制

计划经济体制下形成并影响至今的工农业产品剪刀差、土地、劳动力、矿产资源等要素价格的计划定价机制是财政参与国民收入初次分配的重要手段，也是构成财政参与初次分配隐性机制的重要因素。在计划体制下，财政主宰了整个国民收入分配。表面看来，财政收入主要来自国有企业利润、税收、折旧上缴，以及集体企业的税收，而实际则取决于以计划价格为基础的隐性分配机制。以工农业产品"剪刀差"为手段汲取农业剩余，以低工资为手段汲取劳动力剩余，以此实现工业的高利润，进而实现财政的高积累，最终实现国家的工业化战略。这种财政隐性分配机制在起到保证高积累借以实现赶超式发展的积极意义的同时，也造成影响深远的后果。即政府成为社会的唯一分配主体，市场机制与政府机制合归为一个指令性的计划机制，财政是计划机制的附属工具。政府成为全能政府，政府做什么，如何做都由国家计划决定，对公众而言只能按部就班执行计划，其他都无权过问。这就是财政不透明的制度根源。市场导向的改革导致分配主体的多元化，政府、企业和居民都是参与分配的主体，同时，定价机制逐渐由市场供求关系决定，因而市场机制与政府机制合二为一的计划机制逐步分开。财政收入主要由取自家之财渐渐变为取众人之财，这样财政参与国民收入初次分配的机制渐渐市场化，因而也逐渐显性化，进而日渐受到市场力量的约束。政府参与国民收入分配的显性化是历史性的进步，它使政府从"无所不能"到开始受市场力量的约束。但这种变化只是一个不自觉的过程，财政必须公开、透明的社会基础尚未形成。公众的观念仍停留在计划经济体制下的那种状况，纳税人观念还没有真正树立起来，没有权利意识，自然就谈不到监督，也就没有对财政公开透明的要求。① 可以认为，财政透明度问题是市场经济条件下，国家征税权与市场主体私人财产权发生冲突情况下的必然反映。没有市场经济，没有私人财产权，没有税权与财产权的冲突，财政透明度既无可能又无必要。

2. 财政透明存在的问题与不足

我国目前财政透明度与国际公认的规范相比尚有较大的差距，各主要指标几乎都不符合国际货币基金组织的最低标准（见表5－3）。具体而言，主要有以下几个方面的问题。

表5－3　　　　中国财政透明度与IMF最低标准要求的差距

一般原则	最低实施要求	中国现况
明确角色和责任	按 SNA（1993）或 GFS（1986）定义和报告"一般政府"财政信息*	不符合
	确认政府持有的股权	不符合
	审查预算外活动	符合
	预算外纳入正式的预算决策过程	不符合
	确认主要的准财政活动	不符合
	以预算法界定财政管理责任	部分符合
	征税与税务管理有明确的法律基础	部分符合
信息的公共可得性	预算外活动包括在预算和报告中	不符合
	预算中包含有两年的预算数及其修订数	不符合
	预算中包含中央政府主要的或有负债	不符合
	预算中包含中央政府主要的税式支出	不符合
	预算中包含重要的准财政活动数据	不符合
	按年度报告中央政府债务水平与结构且不滞后于6个月	不符合
	公布财政报告示范	不符合

---

① 焦建国. 重建预算制度：建立现代财政的根本途径 [J]. 社会科学辑刊, 2000 (5).

续表

一般原则	最低实施要求	中国现况
公开预算 准备/执行	1 份财政和经济展望随同预算一并呈报	不符合
	制定中期预算框架	部分符合
	预算中包含 1 份财政风险量化评估报告	不符合
	预算及账户分类覆盖所有一般政府活动	不符合
	预算中应有经济/功能/管理分类数据	部分符合
	财政交易以总值（不按净值）计量	部分符合
	预算中包含综合余额（overall balance）数据	部分符合
	预算中包含有所采用的会计标准的说明	不符合
	中央政府决算数据与预算拨款相一致	部分符合
	中央政府决算经独立的外部审计师审计	部分符合
确保诚实	确保将外部审计结果报告立法机关并确保采取补救行动	部分符合
	外部审计标准与国际标准相一致	部分符合
	宏观经济预测中使用的工作方法和假设应是公开的和可以利用的	不符合

注：＊SNA 和 GFS 分别为"国民收入核算账户体系"与"政府财务统计"的英文缩写。

资料来源：王雍君. 全球视野中的财政透明度：中国的差距与努力方向［J］. 国际经济评论，2003（4）.

第一，预算完整性差，预算过程不透明。政府收入中，既有预算内资金，又有制度外资金，近半财政资金游离于预算之外。制度外资金主要包括两种：一种是基金、收费和集资，这种收入的取得是无偿的，主要用于无经济收益或经济效益不高的社会性基础设施；另一种是制度外罚没，即工商、物价、司法、公路管理、渔政管理、技术监督、环卫、农林等行政管理和司法部门凭借其权力在国家规律和行政法规以外，扩大罚没范围和提高罚没标准所取得的各种不上缴预算内外管理的罚款、没收钱物收入。根据贾康、白景明（1998）

估计，1998 年，中国的预算外和制度外资金规模大致相当，都各占预算内资金的50%，形成预算内、预算外和制度外资金三分天下的局面。如此巨量的资金和相应的支出游历于预算之外，必然导致政府收支信息的严重失实。近期虽然国家对预算外收入和制度外收入进行了规范，但各种非税收入挤占税收、侵蚀税基的现象仍很严重，财政收支信息不真实、不完整的状况没有明显改善。另外，预算过程的透明是预算透明的中心环节，中国预算决策过程不透明是财政透明度的最大障碍。从中国目前情况来看，中国政府预算过程中的一个重要特点就是预算调整和变动是一种常态。由于政府预算的补给性特点，整个预算的透明度体现为四个阶段："二上二下、追加预算和决算"（见表5－4）。总体而言，决算透明度最高、追加预算透明度最低，如果追加预算所占有的份额过大，会导致整个透明度进一步下降。[①]

表5－4　　　　　　　　　预算运行不同阶段上的透明度差异

权力关系	预算（透明度）				追加预算透明	决算透明度
	"一上"	"一下"	"二上"	"二下"		
财政局与职能部门	高	高	高	高	高	高
党委和政府	高	高	高	高	高	高
人大常委会	低	中等	中等	中等	低	高
人大代表和政协委员	低	低	低	低	低	低
媒体与社会	极低	极低	极低	极低	低	低
审计部门与纪检部门	低	低	低	低	低	高

资料来源：中国地方政府预算透明度问题研究课题组．地方政府预算过程中的透明度问题研究［R］. 2010.

---

① 中国地方政府预算透明度问题研究课题组．地方政府预算过程中的透明度问题研究［R］. 2010.

第二，政府负债信息透明度不高。政府债务是反映政府财政活动的重要指标。中国的政府负债除了反映在预算表中的显性负债外，还包括大量未被揭示的或有负债和隐性债务，这表明政府将大量政府活动转移到了预算外，以大量积累或有债务及隐性负债的形式隐藏了一部分预算内的政府赤字和债务。就显性指标而言，中国的赤字和负债水平与世界其他国家相比，是相对较低的。2000 年标准普尔（Standard Poor's）对 68 个国家政府债务负担率的统计中，中国排在第 63 位，不但低于美国、日本、德国、法国等经济最发达的 7 个国家，也低于韩国、新加坡、泰国、印度尼西亚、巴西等新兴市场经济国家，以及俄罗斯、匈牙利、捷克等市场转型国家。但如果加上隐性债务和或有债务，情况则完全不同。[①] 中国大约 80% 以上的政府债务和债务担保信息不能通过预算表了解掌握。这种低透明度的政府债务信息不仅使立法机关和公众难以掌握真实的情况，而且也掩盖了财政的风险程度。

第三，缺少对政府固定资产的核算和反映。一方面，现行的预算会计制度不要求总预算会计核算和反映政府的固定资产，行政和事业单位的固定资产核算结果也不纳入总预算会计的资产负债表中，而只是提供给统计部门作为参考资料，所以总预算会计的资产负债表并没有反映政府每年的财政预算支出所形成的资产存量。另一方面，尽管预算会计制度要求行政、事业单位对自身拥有的固定资产进行核算，却不要求计提折旧，目前复杂的固定资产报废程序还会使一些实际中早已淘汰的固定资产仍在反映账上，导致行政、事业单位报表中所反映的固定资产存在一定程度上的高估和成本不完整等诸多弊端。从近两年财政部对全国行政事业单位的资产清产核资

---

① 卢文鹏，尹晨. 隐性担保、补偿替代与政府债务——兼论我国的财政风险问题 [J]. 财贸经济，2004（1）.

情况来看，截至 2006 年底，全国行政事业单位国有资产总量超过 8 万亿元，这么庞大的国有资产状况长期得不到核实，更谈不上监督与提高使用效益了。

第四，对国有股的核算和反映不充分。随着中国经济的快速发展和外汇储备的迅速增加，中国政府投资规模不断增加，投资形式日趋多样化，政府对外合作投资或参股投资的行为日益增多。然而对于此类投资，中国目前的财政总预算会计制度要求以当期的财政支出来反映，对投资形成的国有股并不要求予以核算和报告，因此无法真实反映政府的资产状况，也无法对国有资产的所有权和收益权进行有效的管理。尤其是对外投资风险随着对外投资剧增而不断累积，有必要对现行总预算会计制度进行完善，切实反映对外投资和参股的实际情况，既让公众及时了解相关信息，避免诸如中国在美投资数据都是由美国财政部公布的尴尬状况，同时也有助于化解财政的乃至政治的风险。

第五，缺乏公共部门成本与绩效方面的信息。中国现行的预算会计体系是以收付实现制为基础的，不能客观地核算公共部门提供公共服务的成本，也无法对公共部门进行绩效考核。对行政单位来说，收付实现制是与以投入控制为中心的预算管理模式相适应的，然而它不能真实客观地反映政府部门和行政单位提供公共产品和公共服务的成本耗费与效率水平，因而不能适应绩效预算管理的需要。对事业单位而言，中国经营性和非经营性业务分别采用不同的会计基础，而在实际工作中两种业务又很难区分，从而导致无法进行全面的成本核算，这不仅不利于事业单位的内部管理和预算资金的有效使用，也容易造成国有资产流失。

3. 财政透明度的进程与现状

财政信息作为政府信息的重要组成部分，其公开透明程度必然要受到国家信息保密政策的制约。从中华人民共和国成立至 1978 年改革开放以前这 30 年，这一时期大体上可以归纳为中国政府信息不断封闭的时期。1951 年公布的《保守国家机密暂行条例》的颁布实施，中国政府对信息逐渐采取保密的手段，与社会政治生活相关的大量信息被封闭，"严守国家秘密"成为了主旋律。《保守国家机密暂行条例》规定的国家机密范围涵盖了"国家财政计划，国家概算、预算、决算及各种财务机密事项""国家金融计划，贸易计划，海关计划及金融、贸易、海关事务之机密事项""铁路、交通、邮政、电信之机密事项""国家和各种经济建设计划及经济建设事业之机密事项""科学发明发现，文化教育及卫生医药之机密事项""立法、司法、检察和监察事务之机密事项""档案、密码、印信及一切有关国家机密的文件、电报、函件、资料、统计、数字、图表、书刊等""内务和人事之机密事项"等与公民经济政治生活密切相关的大量信息。受保密条例以及其他制度因素的影响，中国政府信息封闭的情况日益严重。党的十一届三中全会以后，中国政府逐渐重视民众的知情权。1987 年 10 月，党的十三大明确提出"提高领导机关的开放程度，重大事情要让人民知道，重大问题要经人民讨论"。2004 年 3 月，国务院印发的《全面推进依法行政实施纲要》把行政决策、行政管理和政府信息的公开作为推进依法行政的重要内容。2005 年 3 月，《中共中央办公厅、国务院办公厅关于进一步推行政务公开的意见》出台。2007 年 1 月 17 日国务院审议通过《中华人民共和国政府信息公开条例》（以下简称《条例》），并于 2008 年 5 月 1 日正式施行。《条例》的施行标志着中国信息公开的进程进入了一个有法可依的崭新阶段，对中国在新形势下建设真正意义上的公开、透明、阳光政府有着重大的意义。

作为政府信息公开的重要组成部分，中国的财政透明度进程大致是从 20 世纪 90 年代末开始启动的。1999 年审计署向国务院提交了《关于 1998 年中央预算执行情况和其他财政收支的审计工作报告》。该报告针对国家财政预算执行中存在的一系列严重问题进行了揭示，成为社会各界关注财政透明度问题的重大事件。为此，全国人大常委会要求中央政府各部委从 2000 年起在政府整体预算之外单独报告其部门预算，并对部门预算制度的实施提出了增进财政透明度的要求。由于部门预算包含了更多的政府预算信息量，因而其实行可以被看作是中国加强财政透明度的行为。除了部门预算外，近年来财政推出的其他一系列改革，包括建立完善现代国库制度，政府收支分类改革，以公开招投标为核心的政府采购改革，以及定期出版《中华人民共和国财政部文告》，都是从不同的侧面推进了中国财政透明度的进程。①

　　1999 年之后，中国财政透明度进步比较明显。一是预算编制制度的规范化和透明化。自 1999 年起从中央政府开始、继而推进到地方的部门预算编制改革，制定了预算编制规程，明确了预算编制各阶段的时间安排、具体工作任务、各部门职能权限等，推进了预算编制制度和程序的规范与透明。二是报送各级人大审议的预算内容细化。自 2000 预算年度开始至今，国务院所属部门基本上已全部实行部门预算报送全国人大审议，部门预算内容也不断细化。具体表现为：包括将中央财政用于农业、教育、科技、医疗、社保等方面涉及人民群众根本利益的重大支出总量和结构情况报全国人大审议；对以往由政府自行决定安排使用的超收收入改为列入下年预算安排使用。同时地方财政向人大报送预算的制度也在逐步完善。三是预算执行信息的公开程度不断提高。自 2001 年起进行的以国库集中收付制度改革，在减少中间环节并提高财政资金运行安全性的同时，依托现代信息技术，实现了对预算执行过程中资金运动信息的全面

---

　　① 上海财经大学公共政策研究中心 . 2005 中国财政发展报告——现代财政的信息、决策与职责［M］. 上海：上海财经大学出版社，2005：336.

控制，不仅加强了财政部门对财政资金的使用管理，而且提高了财政信息的透明度。四是预算外资金管理的规范化和透明化程度有所提高。"收支两条线"改革的启动和不断深化，初步实现了预算外资金的规范化管理。时至今日，国务院批准的收费项目基本上已全部纳入预算管理，政府性基金则全部纳入预算管理。同时，地方各级财政部门预算外资金管理也得到加强。五是有关财政信息公开的法规建设取得积极进展。2007 年 4 月公布的《中华人民共和国政府信息公开条例》中明文规定将财政预算、决算报告、财政收支、各类专项资金的管理和使用情况、乡（镇）的债权债务、筹资筹劳情况等财政信息列入政府重点公开的信息范围。六是地方政府积极探索提高财政透明度的实践。以提高预算制定过程的公开性和公众参与程度为目的的实践在各地渐次展开，一些地方取得明显成效。一些地方政府通过"民主恳谈""代表投票""项目听证"等各种方式提高预算制定过程的透明度，吸取公众意见，使公共预算资源的配置更加符合当地公众的需要。比如广东省 2009 年来在财政透明度方面取得很大进展。2001 年以前，广东省政府每年向省人大提交的预算报告支出方面只列到"类"；2001 年，政府部门首次向省人大提交部门预算，但当年提交的只有七个部门；2002 年，向省人大提交的预算报告扩展到 27 个部门；2003 年，102 个省级部门都向省人大提交了预算报告；2004 年，102 个部门在预算表后都附上文字说明，提交给代表审议的《2004 年省级部门预算单位预算表》达 540 页，涉及 114 个部门，基本实现了省级部门预算的细化编制，省政府所有 100 多个部门全部做出详细的年度预算。同时，基本建设以前只编到类级科目，比如"基本建设支出"等大类，而目前编到了款级科目，"基本建设支出"大类下面还要分冶金工业基建支出、有色金属工业基建支出等，细化到了行业。①

　　2009 年财政部提交全国人大审议的预算草案和报告，受到了人大代表和社会各界的好评。2009 年的预算草案和报告，第一次全面采用了新科目体系的收入分类和支出功能分类。透过中央政府各部门的详细预算，可以清楚地获知政府的收入来源，支出总量、结构、方向与用途，各个部门做了哪些事，钱花在了哪些方面。这样的预算全面公布，不仅便于人大代表审议时查阅援引，更有助于在公众监督下执行，是极有必要的。更为社会关注和好评的是，财政部在其官方网站上及时公开 2009 年中央财政预算。这是财政部首次在全国人民代表大会批准预算草案后的第一时间将其向全社会详细公开。中国财政部此次在其官方网站上公布的是 2009 年中央财政收入预算表、2009 年中央财政支出预算表、2009 年中央本级支出预算表以及 2009 年中央对地方税收返还和转移支付预算表。其中，2009 年中央财政支出预算表更是为历年所首次公布。该表重点介绍了中央财政在多个领域的支出情况，不仅有中央本级财政支出，也包括中央补助地方的情况。2010 年，财政部又进一步推进政府预算公开工作。一是内容更加全面，体系更加完整。报送全国人大审议通过的中央本级支出预算表、中央财政国债余额情况表、中央政府性基金收支预算表、中央国有资本经营收支预算表等 12 张中央政府预算表格全部向社会公开，比 2009 年增加了 8 张，涵盖了公共预算、政府性基金预算和国有资本经营预算。二是科目更加细化，支出更加透明。2010 年公开的中央本级支出预算细化为 23 类 123 款，比 2009 年公开的 21 类 41 款增加 2 类 82 款。三是信息更加详细，解说通俗易懂。除预算表之外，预算编制说明通俗易懂，并首次向社会公开，

① 广东推行竞争性分配财政资金概念 [EB/OL]. 中央电视台《新闻 1 + 1》，2009 - 3 - 21. http：//news. sina. com. cn/c/2009 - 03 - 21/0003617449888 - 2. shtml.

以方便社会各界更好地了解国家的方针政策、支持重点和支持方向。[①] 2008 年，财政部首次在其网站上公布 2003 ~ 2007 年的全国财政决算数据，但在时效上明显滞后。此次公开中央财政预算的范围扩大、详细程度和时效性增强，这说明中国财政的透明度在不断提高。目前，财政部每月都要尽快披露上月的财政收支情况，时效距财政简报数据出炉仅数天之隔。之前，这些为社会各界所十分关注的国家财政收支数据是要求保密三年的，从 2008 年下半年开始，财政部在每月 15 日左右定期在官方网站上对其予以公开，另外，每季度还对当季财政收支情况进行分析。财政部门户网站升级改造后涵盖政务信息、在线服务、公众参与三大板块，共有 700 多个栏目和 8 万多条信息，日新增信息量约 350 条，日点击量超过 50 万次，2008 年仅财政部门户网站主动发布的财政信息就达 2 万条。[②]

随着 2008 年 5 月《中华人民共和国政府信息公开条例》正式颁布实施，财政部作为财政主管部门，随后发布《财政部关于进一步推进财政预算信息公开的指导意见》，2009 年，中央财政预算信息公开的大幕徐徐拉开，财政部首次向社会公开了中央财政收支预算的 4 张报表；2011 年，财政部公开了预算草案报告及中央财政预算的 15 张表格，92 家中央部门公开了部门预算和决算信息，99 家中央部门公开"三公经费"预决算信息。通过短短三年努力，我国中央财政预算透明工作虽取得了有目共睹的进展，但从社会反映来看普遍满意度不高，尤其在财政政策、预算数据信息透明度方面尚不能满足公众的了解和使用需求。2010 年 3 月 1 日发布《关于进一步做好预算信息公开工作的指导意见》。在财政预算信息公开改革的有

---

① 刘建华. 推进预算公开 增强预算透明 [R]. 在"财政预算公开与防治腐败"研讨会上的讲话，2010 – 8 – 26.

② 中国首次第一时间公开中央财政预算 [EB/OL]. http：//news. sohu. com/20090320/n262915582. shtml.

力推动下，2010 年国土资源部、财政部、科技部、国家行政学院等
74 个中央部门在门户网站公布了 2010 年部门预算收支总表和财政拨
款支出预算表。这是我国继 2009 年财政部首次公开中央财政预算 4
张表格之后，在推进中央财政预算公开方面迈出的又一重要步伐。
2011 年财政部加快财政预算公开步伐，在进一步细化中央预算编制
的基础上将中央本级支出预算中的一些重点支出公开到"项"级科
目；进一步促进部门预算信息公开工作，积极推动行政经费支出和
基本建设支出情况对外公开。2012 年中央部委公开的部门预算不仅
内容更加细化，而且基本统一了格式。首先增加了目录，方便公众
阅读。其次明确划分了四部分公开的内容，即部门概况包括部门主
要职责和预算单位构成两部分；部门预算表包括公共预算收支总表、
公共预算收入表、公共预算支出表、公共预算财政拨款支出预算表
和政府性基金预算支出表。除了部门预算表中的五张表格，在部门
预算安排情况说明中，还采用了柱状图和饼状图等图文互动的方式，
使解释说明更加细化。2013 年 4 月 18 日，财政部、国家发展和改革
委员会等 80 多个政府部门纷纷向社会公开了各自 2013 年的部门预
算，与中央部门"三公经费"预算同时亮相。三公经费预算首次同
部门预算一并公开，内容从类到项进一步细化。①

　　党的十八届三中全会《中共中央关于全面深化改革若干重大问
题的决定》和 2014 年 8 月 31 日颁布的新《中华人民共和国预算法》
中都明确提出构建透明财政，同时将"财政公开透明"入法，形成
了刚性的法律约束。党的十八届四中全会做出的《中共中央关于全
面推进依法治国若干重大问题的决定》指出，要全面推进政务公开，
坚持以公开为常态、不公开为例外原则，推进决策公开、执行公开、

---

　　① 中央部门预算公开进入第四年［EB/OL］. http：//news. enorth. com. cn/system/
2013/04/19/010872619. shtml.

管理公开、服务公开、结果公开。2014年8月31日通过的《中华人民共和国预算法（修正案）》，新预算法首次将"预算公开"写入法律，其中第十四条、第八十九条、第九十二条明确了预算公开的主体、内容、时限和违反预算公开规定的法律责任。新预算法在第五条中7处提及"公开"，涉及面之广，力度之大，前所未有，成为落实党的十八届四中全会决定的有力推进器。2014年3月财政部下发《关于深入推进地方预决算公开工作的通知》。2014年9月26日国务院颁布《关于深化预算管理制度改革的决定》（以下简称《决定》）。《通知》对地方预决算公开主体、时间、形式、内容作了统一部署和要求。《决定》则明确了推进预决算信息公开对建设全面规范、公开透明的现代预算制度的积极意义，即将公开透明贯穿预算改革和管理全过程，充分发挥预算公开透明对政府部门的监督和约束作用，建设阳光政府、责任政府、服务政府。为了切实推进地方预决算公开工作，建立健全公开透明的预算制度，财政部于2015年10月下发《关于开展地方预决算公开情况专项检查的通知》，组织开展了地方预决算公开情况专项检查，检查重点是省、市、县三级地方政府的政府预决算、部门预决算公开是否按照有关规定在批复后20日内及时公开、公开范围和详细程度是否符合《关于深入推进地方预决算公开工作的通知》文件要求。

2015年12月27日，中共中央、国务院联合印发《法治政府建设实施纲要（2015—2020年）》（以下简称《纲要》），就法治政府建设的总体要求、主要任务和具体措施等提出要求。《纲要》将公开公正作为法治政府建设的总体目标之一，将行政权力规范透明运行作为法治政府建成的重要衡量标准，将全面推进政务公开作为强化对行政权力制约和监督的重要措施。政府信息公开已成为法治政府建设的重要目标和关键环节。《中华人民共和国政府信息公开条例》实施以来，各级政府机关通过多种途径公开政府信息，使政府信息公开范围不断扩展、程度不断深入、渠道不断丰富、效果不断提升。2016 年 2 月，中共中央办公厅、国务院办公厅印发《关于全面推进政务公开工作的意见》，明确公开透明是法治政府的基本特征，并提出推进决策公开、执行公开、管理公开、服务公开、结果公开，推进政府数据开放、加强政策解读、扩大公众参与、回应社会关切、发挥媒体作用等新要求；还指出要修订《中华人民共和国政府信息公开条例》，完善主动公开、依申请公开信息等规定。2017 年 11 月《中国共产党党务公开条例（试行）》公布实施，标志着我国党务公开全面走向制度化、规范化和程序化轨道。党务、政务公开制度建立健全的过程，展现了中国共产党不断推进民主与法治建设，行政权力运行制约和监督体系不断健全完善的历程（见表 5 -5、表 5 -6）。

表 5 -5　　　　　　　　　　2017 年省级财政透明度排名

名次	省份	得分	名次	省份	得分
1	山东	70.0	3	四川	66.6
2	甘肃	68.2	4	安徽	65.7
5	湖南	64.9	19	北京	44.5
6	辽宁	61.7	20	重庆	40.8
7	福建	58.2	21	天津	40.2
8	宁夏	56.3	22	吉林	37.8
9	山西	56.2	23	江西	37.4
10	上海	55.9	24	浙江	37.2
11	江苏	55.1	25	海南	36.6
12	河南	55.0	26	河北	36.4
13	内蒙古	52.8	27	贵州	33.0
14	广东	52.8	28	西藏	32.7

续表

名次	省份	得分	名次	省份	得分
15	黑龙江	52.2	29	青海	28.8
16	新疆	49.9	30	陕西	27.2
17	广西	49.4	31	湖北	25.5
18	云南	47.5		平均	48.3

资料来源：上海财经大学公共政策研究中心2017年中国财政透明度报告——省级财政公开状况评估。

表5－6　　　　　　　　2017年政府网站绩效评估结果

网站名称	第1名	第2名	第3名	第4名	第5名	第6名	第7名	第8名	第9名	第10名
国务院组成部门网站	商务部	科技部	水利部	农业部	发改委	国土资源部	民政部	交通部	环保部	工信部
国务院其他部门网站	林业局	海关总署	测绘局	气象局	质检总局	旅游局	药监局	新闻出版总局	工商总局	国资委
省级政府网站	北京市	贵州省	上海市	浙江省	广东省	四川省	海南省	湖南省	江西省	福建省
省会及计划单列市政府网站	深圳市	宁波市	贵阳市	厦门市	广州市	南昌市	杭州市	哈尔滨市	合肥市	成都市
地市级政府网站	无锡市	六盘水市	苏州市	温州市	威海市	德州市	佛山市	遵义市	六安市	漳州市

资料来源：中国社会科学院信息化研究中心、北京国脉互联信息顾问有限公司2017年政府网站绩效评估结果。

5.2.2 中国财政透明度的制约因素

制约中国现代财政透明度的最大因素是民主与法治建设落后。另外，对公民知情权的忽视、预算决策的分散化、信息保密制度路径依赖、官僚制的影响和预算管理水平不高等也是重要原因。

1. 财政透明度的法治化程度不高

财政信息公开透明没有专门的法律予以规范，目前是依据国务院于 2007 年 4 月颁布并于 2008 年 5 月 1 日实施的《中华人民共和国政府信息公开条例》，而该条例立法层次偏低，对财政预算信息公开的有关规定不具体。《中华人民共和国政府信息公开条例》是由国务院常务会议通过的一部行政法规，而《中华人民共和国保守国家秘密法》则是由第七届全国人民代表大会常务委员会第三次会议通过的。后者的立法层次明显高于前者，当两者发生冲突时，应以《中华人民共和国保守国家秘密法》为准。《中华人民共和国保守国家秘密法》第十条第一款规定："国家秘密及其密级的具体范围，由国家保密工作部门分别会同外交、公安、国家安全和其他中央有关机关规定。"第三十三条规定："国家保密工作部门根据本法制定实施办法，报国务院批准后施行。"1990 年 4 月 25 日国务院批准，1990 年 5 月 25 日国家保密局令第 1 号发布《中华人民共和国保守国家秘密法实施办法》。按照现行《中华人民共和国保守国家秘密法》，政府信息中哪些信息是秘密，是由政府自身来确定的。

宪法是国家的根本大法。有必要从宪法的高度把公民的知情权落到实处，在宪法中明确确立公民知情权，只有这样，才能为财政透明度的顺利推进创造良好的法律环境。从现行《中华人民共和国宪法》（以下简称《宪法》）的有关内容来看，其中关于政府信息方面的直接规定是第五十三条和第七十六条规定。第五十三条规定："中华人民共和国公民必须遵守宪法和法律，保守国家秘密……"；

第七十六条规定："全国人民代表大会代表必须模范地遵守宪法和法律，保守国家秘密……"。这两条规定都没有起到落实公民知情权的作用，前一条要求所有中华人民共和国公民都必须保守国家秘密，后一条则要求全国人民代表大会代表必须模范地保守国家秘密。因此，为消除信息公开的障碍，作为基本法的《宪法》首先应该确立知情权为公民的基本权利之一。因此，有必要在现行《宪法》第二章"公民的基本权利与义务"增加关于公民知情权的规定。从全国人大参与预算的法律规定来看，全国人大参与预算审查监督的主要法律依据是《宪法》和1994年出台的《中华人民共和国预算法》（简称《预算法》）。《宪法》第六十二条第十款规定了全国人大有权审查和批准国家的预算和预算执行情况的报告，但没有其他的详细说明，也就是说，中国人大在预算决策中如何行使权力未能提到宪法的高度。同时，现行《预算法》中的许多法律条文已经不适合现阶段的客观实际。比如，预算编制时间和编制级次没有明确规定，人大代表没有充分时间调查和准备；预算初审工作被动，初审目的、具体范围、原则、方法和程序没有明确规定，初审结果缺乏法律效力，等等。

2. 公民"知情权"的忽视

知情权就是公民对于国家的重要决策、政府的重要事务以及社会上发生的与普通公民密切相关的重大事件有知悉的权利。公民知情权的重要体现是公民不仅有权获知国家的大政方针、法律法规和政策规划，更有权获知所有与公民自己切身利益相关的信息。从中国目前的实际情况来看，公民知情权的忽视不仅仅是政府的忽视，公民自己也常常忽视了这项权利，很多人忽视了对于政府信息的知情权，要么把政府信息看作是与自己无关的或是不能公开的政府内部资料，要么把政府信息视为具有某些神秘色彩内容。其实，政府信息公开是政府和公众双向的交流活动，公民知情权的行使推动着政府信息的公开，政府信息的公开能够使公众更加重视自己的知情权，从而更好地参政议政并因此推动政府工作的开展。政府信息公开的成效要以公众的对于政府信息的接受了解和实际应用状况为标准，但中国目前并没有在提高公众对于知情权的认识和对已公开的政府信息的重视方面采取有效措施。这种公民自身知情权的忽视最终会严重制约政府的信息公开。从深层原因来看，由于中国长期实行高度集中政治经济体制，"政府处于权威地位，大众服从于这种权威"的观念在财政信息供给者政府内部根深蒂固。在这种观念的引导下，在保密给政府带来利益的激励下，政府在运用财政资金时，对作为取之于民的财政资金来源的公众是漠视的。

3. 预算决策分散化

中国行政管理体制的特点之一是分散集权制。一方面，权力非常集中，大权独揽；另一方面，权力又非常分散，政府各部门职能交叉、重叠、审批程序过多、过滥，办事流程不合理，暗箱操作等，所有这些都可能成为推动财政透明化的重要障碍。预算制度也不例外。从预算支出来看，中国的预算支出权力并没有单独掌握在一个部门手中。目前除了财政部以外，具有独立预算分配权的部门还有国家发改委、科技部、农业部、教育部等部门，这些部门就像一个个"小财政部"——除了自己的部门预算之外，还可另外再拨付其他部门一部分资金，由它们再在全国范围内进行分配。比如，2003年，国家发改委安排中央预算内基本建设投资 304.49 亿元，预留76.13 亿元，占年度预算的 25%。国防科工委分配 162.1 亿元预算资金，年初预留 62.91 亿元，比例高达 38.8%。[①] 从预算收入来看，预算收入权力也不集中。虽然收入政策由财政部制定，但它仅仅负

---

① 汪生科，至淇，梅洁. 2300 亿谜团待解 人大常委质疑预决算机制［EB/OL］. 人民网，2004 - 6 - 30.

责制定税收法律和规章制度，并不负责税收行政。收入筹集由另外一些机构，主要是税务总局和关税总局进行。在此条件下，一方面，中央政府几个部门同时拥有预算分配权，违背了预算的完整性原则，与当前推进的部门预算改革目标背道而驰。另一方面，预算分配权的分割直接造成了部门预算资金、基本建设资金、科技三项费用等资金由不同部门下达，资金的到位时间不同步，使地方政府预算无法做到完整统一，给地方政府编制部门预算造成了很大的困难，并使许多预算资金脱离人大的审查监督，给随意调整预算和违规违法使用预算资金带来了便利。预算收支决策的分散进行导致预算收支信息的分割，使人们很难了解预算决策的全貌。

4. 信息保密制度路径依赖的问题

新制度经济学理论认为，新旧制度的变迁方式之间存在着路径依赖关系。这种路径依赖关系通常表现为：人们过去做出的选择影响乃至决定其现在可能做出的选择。这表明新的制度安排在很大程度上取决于现行的制度安排，也即制度的变迁具有一定的惯性。因此，如果新旧制度安排在变迁路径上具有趋同性或近似一致性，则新的制度安排就具有效率，也就比较容易贯彻实施；如果新的制度安排脱离既有的制度变迁路径，则易使新的制度安排受到既有路径的制约和干扰而陷入困境。

从本质上看，立法行为是一种制度创新和正式的制度安排，容易受到既有的法律规范和现行制度路径依赖的制约。具体到中国政府信息公开立法的路径而言，由于中国几千年来形成的保密传统，中华人民共和国成立以来关于政府信息的立法倾向也以保密为主，而且形成了较为完善的政府信息保密法律法规体系，公民自身也接受和习惯了政府保密的制度安排，并成为中国公众特有的生活方式和行为模式，可以说，中国普通公民和官员都已经习惯于保守国家机密的现实。中国长期以来实行的保密制度以及生活在这种保密制度下的人们的价值观念、法律意识、道德意识都会产生惯性思维定式，因而，很容易形成一股强大的势力使得政府信息公开制度的改革举步维艰。因此，财政信息的公开透明难免要受到长期以来保密制度的惯性影响。

5. 官僚制对透明度影响的问题

官僚制是公共信息不透明的重要制度因素。第一，官僚制是一个等级森严的集权性的组织模式，在这个集权模式中，组织内部层层授权，下级对上级严格负责，"只有处于金字塔顶端的人才能掌握足够的信息而做出熟悉情况的决定"①。按信息密级分级控制是这一体制运转的内在机制。就中国情况来看，中国政府是纵向层级制和横向职能制的二维矩阵结构，在这种条块分割的组织结构下，各个部门都按照各自的需求，标准和预算、建立了各自独立的信息系统，形成一个个横向的"信息孤岛"，不同部门之间的信息无法共享，严重影响了数据的使用效率和信息化的整体效益。通常信息为官员所垄断，越往高层越能掌握全面性信息。由于公共管理决策过程所依据的组织体系依一定层级制建立，在这些层级中，每个人的权利、职责不同，所了解信息有所侧重，决策层由于范围广，涉及层次高，从而对宏观整体的信息掌握相对充分，而对微观的、处于实际层面的信息掌握的则比较少。各种利益集团由于代表不同的人群，所关心的是和自己群体利益有关的一些政策情况。在公共政策体系中处于最底层的公众，往往只掌握一部分和他们生活密切相关的一些微观信息。第二，官僚制组织内部的规章制度严格、刻板而且繁琐，公共信息的公开透明有严格的审批程序，这无疑束缚了他们的手脚，对规则的服从成为目标而不是为公众服务的手段。第三，官僚制对

① 戴维·奥斯本，特德·盖布勒. 改革政府：企业精神如何改革着公营部门［M］. 上海：上海译文出版社，1996.

专业技术的尊崇和专业分工的固化使得政府的功能日趋衰退，官僚体系被分割为相互分离的"鸟笼式"专业部门。这些专业部门分工而不合作，"九龙治水"、各自为政、职能重叠交叉、机构臃肿庞大，公共信息为各部门分割占有，形成一个个信息孤岛。第四，传统的责任制约机制的失灵。传统的责任制约机制的特征是责任的间接性保障，即公众通过投票选举等手段来选择和控制官员，官员通过行使公众赋予的权力来控制公务员。由于现代政府行政管理渐趋复杂，官僚机构日益庞大，管理技术日趋专门化，使官员失去了对官僚体系的控制，结果造成官僚组织丧失了责任感。其典型表现是自我中心、自我服务、曲解民意、漠视公众的需求等。① 官僚制的极端表现就是封闭的特殊利益集团，彻底丧失了使命感和责任感，最终背离了应有的公共性，成为顺应自己逻辑运转的凌驾于社会之上的"利维坦"。

6. 财政预算编制自身存在的问题

第一，"基数法"预算编制的缺陷。中国多数地方财政仍然采用"基数加增长"的增量预算法来编制预算，此法虽然运用起来简单，易于操作，但其弊端也是显而易见的。因为"基数加增长"法本身就有基数是否合理的问题，多年运用下来，预算套预算，使本年度核定的支出指标与实际情况差距较大。用这种编制方法确定财政收支规模，随意性很大，通常不能客观反映各预算单位的实际需求，使编制预算的依据查无出处，客观上造成财政预算编制的不透明。

第二，政府会计报告系统不健全。总预算会计是以汇总的形式记录拨款，以拨列支，难以及时、同步记录预算资金运动的全程。

---

① 周志忍. 当代西方行政改革与管理模式转换 [J]. 北京大学学报（哲社版），1995 (4)：86.

这种依赖银行和预算单位提供的财务信息，其真实性较差、可信度较低。又由于对经济社会发展的各项指标的预测手段落后，造成诸如经济数据、定员定额标准等这些预算编制的基础资料缺乏科学性和合理性。同时，提交全国人大的政府预算报告没有反映账户体系、数据和编表等，只是财政预决算的粗略的文字说明，而不是真正意义上的政府预决算报告，很难称得上具有较高透明度的财政信息公开报告。另外，即使政府预算报告公开了，由于没有专业人士对专业化的数据、表格、账户体系等进行审议以及对公众的说明和解释，这也是造成财政透明度低的一个重要原因。

第三，财政监控制度的不健全。财政资金拨付到预算单位之后，基本脱离了财政的监督，抽查式的审计由于覆盖率太低和属于事后审计，对预算单位的监督作用十分有限。由于预算监控力度较弱，难以对预算单位的预算执行情况进行及时、有效的监控，预算单位截留、挪用财政资金的现象屡见不鲜。尽管推进国库集中收付制度以后情况有所好转，但并未从根本上改变。又由于财政预算违法追究制度的缺失或执行不力，处罚时往往对事不对人，且以批评教育为主，处理明显偏轻，预算单位的违约成本太低，在很大程度上纵容了预算违法现象的发生。尤其是对预算违法行为的处理作为政府内部违纪问题而不向社会公众公开，公民的监督制约作用得不到发挥。

第四，预算编制时间短。中国目前的预算编制时间是从上年11月国务院下达编制下一年的预算指示开始到来年3月左右经全国人民代表大会讨论批准，整个预算编制时间只有四个月左右，时间太短，预算编制势必会造成编制过粗、不科学和不够准确，从而造成预算执行过程中调整多、预算监督无法严格等种种问题。历年制与预算审批在时间上有冲突。预算年度有历年制和跨年制两种形式。另外，中国的预算年度采取历年制，即从每年公历1月1日起，至

12 月 31 日止。而中国的预算草案每年要待 3 月各级人民代表大会审批以后，才能正式在法律上产生效力，这就造成中国每年前 3 个月的预算执行缺乏法律依据，使预算约束流于形式，极大地影响了预算的严肃性。

第五，政府信息公开评估标准的缺失。很多地方政府已经在不同程度上和范围内开展了财政信息公开活动，但尚没有一套科学的、可操作性强的政府信息公开评价体系。科学的评价体系对政府信息公开具有重要意义，科学的评估结果能够真实地反映出政府信息公开的水平、政府在此项工作中存在的不足以及今后的改进的方向。尤其是在评估结果面向公众公开的情况下，各级政府就会真正重视这项工作。同时，评价工作是一项浩大的系统工程，涉及范围广、内容复杂、程序繁琐，必须借助于一套完备科学的评价标准。时至今日，中国在政府信息公开的测评标准制定方面，还没有切实可行的评价标准和体系。当前，政府信息公开的一般评价方式是简单地按照有无公开、公开的信息量多少来进行粗略的估测，甚至就是凭借主观印象。所以会出现已经公开的信息中多是规章制度、政策法规等，对于用于决策的数据、官员选拔等信息的公开较少，关于群众所关心的财务信息更是很少涉及。公开的信息大多是大家知道的、适用性不强的信息，而公众和企业关心的信息却很少。从财政信息公开情况来看，预算的决策依据、决策程序与过程，民众意见较多的公车消费、公款吃喝、公费旅游等信息不透明度不高。

第六，预算编制过程缺乏公众参与。总体而言，我国在政府预算编制过程中并没有形成一套有效的民主参与机制，从预算反映群众需求的强弱度上来看，预算编制的透明度不高。笔者 2015 年 12 月至 2017 年 12 月在中部某省的一个地级市挂职市政府党组成员、市长助理，协助常务副市长联系财税部门，特意要求全程参与 2018 年市本级预算的编制工作。经过周末两天和三个晚上的加班终于全程参与了预算的编制工作，这与书本上所谓的"二上二下"有很大区别。教科文、社保、经建科、行政政法科、农业科、企业科等具有预算权的科室，分别由科长和参与预算编制的科员逐一汇报分管的预算单位的预算安排，这些安排都要有依据，要么是有中央或省级政府的文件，要么是有市政府的文件，或者是有市委书记、市长的批示，上年的预算数是多少等情况，汇报完之后，财政局长把自己的笔记本拿出来，查找市委书记、市长或分管市长的指示精神，结合今年市委市政府的重大决策，初步定一个预算数。最后经过汇总综合权衡之后，一般与最终预算数字差距不大，这样的预算人大一般也会顺利通过。当然，在此之前，各科室与分管的预算单位进行过多次沟通和博弈，但整个预算编制过程财政局局长的作用巨大，更不要说公民无权参与。

5.2.3　中国财政透明度提高的路径选择

公民观念的培育与纳税人观念的树立是提高中国财政透明度的基础条件。纳税人权利法律保障体系建设、完善中国预算管理体系、完善政府会计体系、深化政府收支分类、改革推行国库集中支付制度以及试行绩效预算改革等是提高财政透明度的具体路径。

1. 纳税人权利法律保障体系建设

要通过纳税人对税收立法权、财政预算支出权的约束，逐步建立完善的纳税人权利保障体系。

第一，逐步实现纳税人对税收立法权的监督制衡。监督制衡税收立法权是纳税人作为公民民主参与的重要体现，对提高财政透明度起到十分重要的保障作用。通过保障公众积极参与税收立法草案的讨论，提高法律的社会化程度，通过听证程序，汇集各方面的利益代表，使税收立法在公共空间进行充分的讨论，这样，既使税法实现了公共性的本性，又具有了高度的透明度，同时，在这一过程中各方的利益主张达到了一个平衡，进而，增强了税收立法的民主性和科学性。要加快"税收基本法"的立法步伐，加快完成税收实体法的立法，完成税收程序法的修订和完善，提高税收执法和司法的法律效力。在时机成熟时，以宪法形式将税收法定原则和税收分权原则加以确认，上升为人民的最高意志，明确规定政府必须依法征税，最终实现纳税人对税收立法权约束的目标。

第二，逐步实现纳税人对财政支出权的监督制约。从一定意义上说，纳税人对财政支出的监督制约比对税收的监督制约更为重要，因为无论财政收入以何种形式取得，只有通过财政支出才真正实现了财政的分配和调控目的，财政分配才最终完成。为此，要通过立法把纳税人对财政支出的监督权予以明确，要把税收收入与财政支出共决原则上升到法律的层面，不仅对税收收入有完善的法律进行规范，而且对财政支出更要有完整的法律体系予以界定。

第三，逐步提高税收法治化程度。提高法治化程度是提高财政透明度的重要途径，要进一步扩大税收司法的审查范围，通过司法审查，尤其是违宪审查加强对纳税人权利的保护；逐步引进纳税人诉讼制度和纳税人公诉制度激励机制；进一步完善中国现有的人民陪审员制度，税收司法机关应根据具体税务诉讼案件的情况从纳税人中选任陪审员，与人民法院的审判员共同组成法庭审理案件，以使纳税人有更多的机会参与税收司法活动；进一步完善审判公开制度，允许纳税人旁听法庭审判，向司法机关索取有关案件的资料（涉及国家安全、商业秘密和个人隐私的除外）。同时建立科学的税收司法解释制度。人民法院开庭审判案件的过程和结果，除合议庭评议外，都应当向纳税人公开，向社会公开，允许纳税人旁听，允许新闻媒体公开采访、公开报道，司法机关的最后审判结果必须向全社会公开。

2. 完善中国预算管理体系

预算是财政管理的核心，预算透明更是财政透明度的关键。没有完善的预算管理体系，财政透明度只能是一句空话。因此，要加快完善中国预算管理体系的步伐，为财政透明度改革打下坚实基础。

第一，统一编制政府财政支出预算。目前，多数市场经济国家为保证财政支出统一、透明而普遍实行统一财政支出预算的编制权，把财政支出预算的编制权赋予一个部门而不是由众多部分分享。这些国家在预算编制机构的设置上主要有两种类型：一类是将预算编制机构内置于财政部门，由其专门负责政府预算的编制，这种类型的特点是其职能比较单一，专职负责财政预算的编制，比如意大利的国库部预算局等；另一类是将财政预算编制机构在财政部门之外专设，这种类型的特点是其职能范围较大，除负责编制预算外，一般还兼有其他方面的职能，如美国的行政管理与预算局，它不仅编制、拟订联邦预算和中长期财政计划，还兼有文教、能源、社会福利等方面的职能。这两种类型的财政预算编制机构在本质上是一样的，只是形式有所不同。从本质上看，都是把财政预算编制的权限进行了集中，有效避免了财政预算权的分散或肢解，这样既有利于预算编制的高效又有利于监督制约和公开透明。与此相对，中国的预算编制权比较分散，不仅财政部门内部设置了许多享有预算编制权的机构，而且其他部门也存在若干有此项权利的部门。同时，这些权力分享机构之间的关系错综复杂，使预算编制更加混乱、模糊。为此，要加大预算编制改革的力度，把完整的财政预算编制权赋予财政部门独自行使，并将预算的执行、监督等职能交由其他部门负责实施，以确保财政支出行为的公开、透明。

第二，深化部门预算制度改革。部门预算是按照一定的预算编制原则和综合财力状况，依照个人部分、公用部分和事业发展的顺序，由部门编制财政审核汇总而形成的涵盖部门所有收支的完整预算，它是市场经济国家预算管理的基本形式。通俗来讲，部门预算就是一个部门一本预算。部门预算的要点在于它能够反映政府各部门所有收入和支出的情况，打破了预算内外资金界限，有效改变了传统预算对各部门实际占有的预算资金来资源不清楚和不全面的局面，使预算单位各自拥有的预算资金总量的对比关系清晰明确，从而大大提高预算单位财政支出的透明度。①

第三，建立真正意义上的复式预算。复式预算是指财政收支计划通过两个以上的表格来反映的一种预算形式，它既能反映财政预算资金的流向和流量，又能全面反映资金性质和收支结构。实行复式预算对提高财政透明度具有重要意义，一方面，复式预算可以清楚地区分经常性预算与建设预算的收支情况，增强预算的透明度；另一方面，复式预算用特定的收入保证特定的支出的需要，在预算收支之间建立比较稳定的对应关系，便于分析各种预算资金来源及使用情况有利于加强管理和监督。然而，建立真正意义上的复式预算，不能简单地把公共预算等同于"经常性预算"，把国有资本预算等同于"建设性预算"。从预算收入角度看，经常性预算收入范围只包括以国家税收为主的预算内资金，不包括预算外收入，而公共预算则包括预算内外所有政府收入；从预算支出角度看，经常性预算支出范围却大于公共预算支出范围，只要是经常性的支出，就列入预算。而公共预算强调的是支出要体现社会公共需要，凡不属于社会公共需要的，即使是目前已经列入经常性支出预算的，也应剔除公共支出预算。由此，公共预算支出目的明确，更具透明度，也利于公众的监督。②

第四，建立财政基本信息披露制度。财政基本信息披露制度是

---

① 李茂春. 深化预算管理改革 ［EB/OL］. http：//czj. bb. ah. cn/dcyj/28. htm.
② 课题组. 借鉴国际经验构建中国透明的预算体系 ［J］. 财贸经济，2003（3）.

公民了解财政预算等一般信息的重要渠道。财政部应当定期公布预算内容，公布预算指导原则、财政政策目标、采用的财政规则和新政策，以便于公众能够及时了解财政预算信息；同时，在预算文件中，披露主要财政风险是财政预算透明度的一项基本要求。作为财政透明度的基本要求，所有被鉴别和量化的财政风险需要通过财政风险报表予以报告，并随预算文件一并呈递。①

第五，完善财政监督机制。一方面，财政监督对提高财政透明度提出迫切要求；另一方面，财政监督本身也是提高财政透明度的重要途径。财政监督主体从内部到外部，从政府到公众，多层次、多角度对预算管理全过程实施监督，财政监督过程本身就是提高财政预算透明度的过程。因此，只有从制度上建立一种公开、透明、规范、高效的财政监督运行机制，才能发挥对预算资源全过程预警、监测、分析、矫正的功能，从而真正提高财政透明度。

3. 完善政府会计体系

财政透明度的国际规范对政府会计提出了基本要求。政府会计提供的政府会计信息质量高低，对提升财政透明度具有直接的现实意义。

第一，政府会计要遵守财政透明度的国际规范。从财政透明度的国际规范来看，财政透明度强调的是及时、系统、完整地披露财政信息，而宏观的财政信息来自微观的会计系统。作为微观的政府会计系统，它履行着确认、计量、记录、报告政府和预算单位财务收支活动及其受托责任执行情况的微观信息，因此，它所提供的信息是财政透明的基本内容。从财政透明度的国际规范来看，它内在地对政府会计系统提出了基本要求。一是政府会计反映的是财政收支的全貌，这就要求政府会计应当核算包括准财政活动在内的所有

---

① 课题组. 借鉴国际经验构建中国透明的预算体系 [J]. 财贸经济，2003 (3).

财政活动。二是政府会计系统要遵循财政信息的公众可得性原则。公众可获得的财政信息包括三个方面：预算信息、资产和负债信息、各级政府的合并财务状况。其中，预算信息涵盖了预算内和预算外所有内容；资产和负债信息的提供则要求政府应当在资产负债表内披露所有的资产（分为非金融资产和金融资产）和负债，且政府应当对或有事项、税收支出和准财政活动在可能的情况下予以计量并进行充分的披露。① 三是政府会计系统要遵循公开预算准备与执行原则。政府在向公众提供的预算报告中，应当说明财政政策的目标、宏观经济的框架、预算政策和主要财政风险等内容。四是政府会计系统要遵循数据真实原则。财政数据的真实性应当通过高质量的数据标准和进行公开、独立的监督两个方面来实现。高质量的数据标准主要包括对预算收支的准确预测、采用公认的会计标准、财政数据内部的交叉核对和与其他数据的协调，并通过有效的内部控制来实现。公开和独立的监督则包括国家审计机关的独立审计，外部专家对财政和宏观经济预测的评估以及国家统计机关通过独立编制财政统计数据来对财政数据的质量进行核实。②

第二，提高会计信息的相关性。随着政府活动的多样性和复杂化，政府会计确认基础应能够真实反映政府财务活动情况和财务状况。与收付实现制相比，权责发生制能够更为广泛地反映政府财政收入状况和政府经济行为的价值运动过程，对政府财政行为的全过程进行反映，能够客观反映政府受托理财的努力程度和运营绩效。当前，中国正处于经济转型时期，法律体系尚不健全，会计专业人员的素质有待提高，因此，应结合中国的实际条件，在现行的收付实现制基础上，逐步实现收付实现制向权责发生制的过渡。例如，

①②　程晓佳. 财政透明度与政府会计改革 [J]. 会计研究，2004（9）.

可以通过制定相应的会计核算补充规定的方式，来解决现实中难以操作的问题；建立适当的固定资产折旧方法；对于跨期收支的业务，在相关科目中部分推行权责发生制。[①]

第三，完善政府会计报告系统。会计报告是国家宏观管理机构、经费提供者、债权人及其他相关人员了解各级政府及预算单位财务状况和业务运营结果，评价受托责任，作出相关决策的主要信息来源。现行政府会计报告主要包括预算会计报表和财政收支决算报告，由于政府活动的复杂性和某些活动的不确定性、不可量化性，这些会计报告尚不能全面反映公共部门财务状况、公共资金使用情况和政府性受托情况的综合信息，大量的有关政策变更、政府项目的说明以及没有在报表中反映的对财政有重大影响的信息就需要完善政府会计报告予以披露。

第四，全面反映和披露政府的负债状况。全面和完整的披露政府负债状况对防范和化解财政风险具有重要意义。目前，中国规模巨大的隐性负债没有在财政报表中予以反映，比如地方政府融资平台产生的大量债务、养老保险资金缺口、地方金融机构的不良资产、一般竞争性国有企业亏损等。这些隐性债务信息的缺乏使政府对存在的财政风险疏于防范，当隐性负债转换为显性负债时，会对政府的财政平衡造成严重冲击，极端的情况下有可能导致政府破产和政治危机。因此，应未雨绸缪，在采用权责发生制的基础上，根据其特点和不确定性的程度，对政府的隐性负债及时加以充分披露或说明，便于信息使用者评估财政风险，评价政府受托责任，及时防范化解财政风险。

4. 深化政府收支分类改革

政府收支分类改革有利于提高财政预算的透明度。政府收支是

[①] 贝洪俊. 我国政府会计引入权责发生制的探析 [J]. 财会研究，2005 (4).

政府公共服务最准确、最客观的描述，而科学的政府收支分类是实现准确可观描述政府提供公共产品和公共服务的必要前提。政府收支分类就是把政府收支按照政府提供的公共产品和服务划分为不同类别，确定不同的财政供给数量，是提高政府透明度的基础技术条件。中国传统的预算收支科目将部门分类、功能分类和经济分类三种不同的分类混杂在一起，类、款、项科目随机性地按照这三种分类方式进行分类，而且同一功能的支出往往在多处分散反映，这样必然造成外行看不懂、内行看不清的弊端。按国际通行做法，政府收支分类不仅涵盖财政预算内收支、预算外收支，还纳入社会保险基金收支，可以全面地反映政府财政信息。政府收支分类改变了传统收支分类中的功能与经济分类相混杂的状况，支出功能分类反映政府各项职能活动，支出经济分类反映政府支出的具体用途，这样可以清晰地反映政府财政信息。[①] 在新的政府收支分类改革完全到位后，通过有效的信息系统，就可对任何一项财政收支进行多维定位，也就是可以看出每一笔资金的多个特征，如这笔支出资金的隶属部门、何种用途、支出途径，进而详细地反映政府的财政信息。因此，政府收支分类改革，不仅实现了收支分类与国际接轨，而且新的收支分类及预算科目可以全面、清晰、详细的反映政府财政信息，从而提高了财政透明度。

目前，中国政府收支分类改革有待深化。首先，要完善政府职能，深化政府收支分类改革。目前的政府收支分类改革定位在技术性、形式性的划分，不触及政府职能的调整。这样做的好处在于改革初期可以尽快启动改革，但是随着改革的深入，必然无法回避政府职能的调整，否则就容易将现有不仅合理的政府职能固化。为此，

---

① 深化收支分类改革 推进透明度和绩效评价 [EB/OL]. http：//www. crifs. org. cn/0416show. asp? art_id = 3057.

有必要根据市场和政府的关系对政府职能进行定位，进而加快推进政府收支分类改革的步伐。其次，需要对预算科目设置中的技术性问题进行改进。一是对预算科目进行科学设置。由于我国经济和社会发展、公共需求变化，导致公共服务种类也不断变化，因此国际上财政收支功能分类中都有"其他"项设置，如 IMF 的政府收支划分中"未另分类"事项的设置。但是，我国财政收支分类改革中应将"其他"项主要设置在款、项中，以防止类级科目成为一个大筐，成为政府透明度的障碍。二是考虑到中国地域复杂性，应赋予省级地方政府更高权限的科目设置权，以适应地方公共产品和服务提供需要。这种做法在国际上是通例，如 IMF 政府收支分类说明中也指出，在实际应用中使用更为详细的分类是可能的，也是需要的。三是关于上面所说功能支出性质相同，归类不同的问题。可以通过赋予类似支出相同的科目名称，而不是赋予不同的名称来解决。

5. 深化国库集中收付制度改革

提高财政透明度离不开现代国库制度的支撑。国库是最核心的预算执行机构，现代国库制度对于推动和完善综合预算，提高财政预算透明度起着重要的基础作用。国库体制改革包括建立集中收入制度和集中支付制度两个方面的内容。国库集中收付改革以前，财政部门把财政资金拨付到预算单位之后，该资金如何支出、何时支出基本上由预算单位自己做主，几乎脱离了财政部门的监督，这是财政不透明的典型表现。实行集中支付的国库制度以后，虽然不改变各部门与各单位的支出权限，但可以建立起有效的预算执行监控机制，这正是集中支付的国库体制的核心功能所在，也是提高财政透明度的重要表现。此后，各部门、个预算单位的财政资金数目和去向一目了然，财政部门可根据它们的实际情况合理安排资金拨付，从而优化资金结构，提高资金配置效率。同时，由于库款直达，大量的中间环节被省掉，避免了财政资金在真正支付行为发生前偏流出国库，既节约了支出成本，也避免了截留、乱支、浪费等现象的发生，政府的财政支出行为更加规范、透明。另外，公务卡制度也有利于财政支出的公开透明。

6. 推进绩效预算改革

绩效预算是把成本和效益的理念引入预算安排的一种预算形式。通过将财政资金投入和政府行为的产出和效果联系起来，不仅使政府内部的管理者能够清楚了解其工作的优劣，而且使年度的政府绩效报告成为公民评价和监督政府的一个有效渠道，因而大大提高了财政支出的透明度。同时，绩效预算通过责任关系的明晰化，赋予了项目管理者更大的权限，实现了权责的统一。这与传统预算有很大区别，人们通过传统预算只看到政府人员工资、办公用品等细节支出，却看不出政府到底干了什么，其效果如何。绩效预算明确规定了项目的目的，并确立绩效目标，让政府机构及其雇员更好地理解对他们工作绩效的期望，因而，绩效预算帮助政府管理者更有效地就自己的活动与高级行政官员、立法机构成员以及公众进行沟通。与传统预算相比，绩效预算对每一项政府项目、绩效度量和预算信息都给出描述，让普通公众都能够获得这些信息，因而有助于政府管理者将关于预算和主要政府活动的信息发布给公众，并赢得公众对政府工作的理解和支持。在下列情况中，绩效信息可以在财政资金分配中扮演积极角色：绩效信息为财政资金再分配提供佐证；讨论的焦点从支出条目变为政府机构、政府项目的目标和绩效；对新增项目的考量及对现有项目拨款增减的决策；为立法机构的预算决策过程提供有用的参考信息，等等。

5.3　本章小结

提高财政透明度不仅有利于各国宏观经济的稳定发展和经济增

长质量的提高，而且能够增强市场可信度、吸引国际资本的流入并促进金融市场的良好运作。通过对世界上财政透明度较高国家的考察发现，这些国家大多都是市场经济程度较高、具有民主化与法治化的传统，财政管理水平和信息化水平都比较高。其中，民主参与是推动财政透明度的重要因素。总体来看，除了南非、巴西、新加坡和OECD发达国家财政透明度较高之外，世界上大多数国家的财政透明度状况都不容乐观。但是，通过国际预算项目（IBP）对近两年多国财政透明度对比研究发现，大多数国家的财政透明状况都在改善之中。

相对而言，中国财政透明的程度不高。制约中国财政透明度的主要因素是民主政治建设亟待加强，也即政治体制改革远远滞后于经济体制改革对现代财政透明度的影响。同时，计划经济体制下形成并影响至今的工农业产品"剪刀差"、土地、劳动力、矿产资源等要素价格的计划定价机制，即财政参与国民收入的初次分配隐性机制也是重要因素。另外，财政管理自身存在的诸如预算不完整、预算决策分散化、管理粗放、监督手段落后、信息化程度不高等都是制约财政透明度的因素。

其实，始于17世纪末的现代意义上的现代财政，至今已有300多年的历史。与此相比，中国现代财政的历史只不过是短暂的一瞬。在中国现代财政脱胎于计划经济财政的艰难转型中，公开透明与民主决策是遇到的诸多困难中最大的难题之一。因此，要历史地、客观地看待当前中国财政的透明度问题。

第6章

结 论

美国人杰斐逊曾言："信息是民主之源。"以此而论，一个处处贴上"保密"标签的社会，断然不是一个好社会。对现代财政而言，透明是现代财政的基本标志，也是构建和完善现代财政的基础手段。离开了公开透明，现代财政不可能诞生，也无法立足，可以说，正是公开透明铸就了现代财政。

6.1 公共性与透明度的逻辑

公共性与透明度之间具有密切的内在联系：公共性的内涵就具有公开透明的要义，公共性的实现以透明为条件；透明是公共性的内在要求，透明因公共性的界定得以可能。公共性与透明度逻辑关联的启示：公民参与成就政府决策的公共性，提高透明度是公民参与的必要条件。

6.1.1 公共性因透明得以实现

公共性具有公开透明、为人所见、所感的含义。"公共性"首先意味着"公开性"。公开性就是事物从被掩盖的存在的阴影中走出，并展示其形貌，而处于遮蔽状态中的事物则无法显示其存在的意义和价值，它们被囚禁于自身的个体的存在之中，被困于黑暗和虚无的威胁之中，被束缚于广袤的无限的死寂之中。只有当事物进人世界之中展示自己的存在，其存在才能被感知，其存在才被看到、理解，因而才有意义。我们的存在感完全依赖于公开性的在场，依赖于在公共世界中的在场。① 用海德格尔（Martin Heidegger）的话来说，这种公开性就是"让事物存在"。② 海德格尔特别强调亚里士多德的思想所依据的是直接经验的"观看"本性。《形而上学》的第一句话一般被译为"求知是人类的本性"；但是海德格尔却将其中的"知"（eidenai）依据前荷马时代的用法解释为"看"，而将其中的"本性"（physis）解释为"怎样存在"或"存在方式"。所以，他将这句话改译为"观看是人类的存在方式"。"观看"或者说"求知"是人的存在方式，是人的本性，或是人的"本能"。对此，阿伦特在《人的条件》中有过深刻的论述："公共"一词表明了两个密切联系却又不完全相同的现象。它首先意味着，在公共领域中展现的任何东西都可为人所见、所闻，具有可能最广泛的公共性。对于我们来说，呈现——即可为我们，亦可为他人所见所闻之物——构成了存在。③ 在这里，"呈现"——在公共场所的呈现——非常重要，不露面的东西不可能有公共性，"他人"的在场和见证是公共性的前提。"呈现"或"露面"，即"他人"的在场，保证了公共性，也保证了一个人的"现实性"。"能够看见我们所看见的东西、听见我们所听见的东西的人的在场向我们保证了世界和我们自己的现实性"。④ 按照阿伦特的理解，公共性不仅意味着一种开放性，还表示一种积极的政治参与，意味着对多样性的尊重与肯定，就是要每个

① 张旭. 现代公共政策理论与古典公共性观念［EB/OL］. http：//www. zhongguosixiang. com/thread－2676－1－3. html.

② 帕特里夏·奥坦伯德·约翰逊著，张祥龙等译. 海德格尔［M］. 北京：中华书局，2002.

③ 汉娜·阿伦特著，竺乾威等译. 人的条件［M］. 上海：上海人民出版社，1999.

④ 汪晖，陈燕谷. 文化与公共性［M］. 北京：生活. 读书. 新知三联书店，2005：81.

个体在公共场域中可以体验到那种在私人场域不可能体验到的感受和对象，从而积极肯定人的"类"特征及其"能群"的本性。詹姆斯·博曼（James Bohman）也指出，公共性即"可明言""可被众人知晓"，从根本来说就是"可公开"或"能公开"。①

公共性的政治起源与公开透明密切相关。古希腊人对公共性的公开透明含义有着准确的把握，并将之运用于政治实践。当希腊人将政治理解为公共空间时，就是指空间的敞开性。在希腊语境中，敞开性乃是空间的最本质规定，而藉此敞开性才有所谓公共性。为了敞开这一被遮蔽的共有之域，对自身负责的辩解性承担，也就是为自己的意见"做出辩解"，就十分必要。做出辩解就意味着超越（各种本己的和特有的东西），超越各自特殊世界的兴趣状态的本己，并在一个共有的世界中相互遭遇，而后才能在作出辩解的过程中通过承担自身责任来认真对待生活。② 这就把人们引向到"议事"活动的共同参与之中，正是以这样的方式，古希腊人开创了具有原始民主遗风的"民主政治"。黑尔德（Klaus Held）认为，民主的基本特性就是开辟一个具有自身负责理由的共有世界，在民主生活中，一切都取决于这种变换不定的、超越特殊世界性的并因此而是开放性的论证，即古希腊人所说的"议事"。③ 由此，民主政治生活的公共性发源于世界本身的敞开性，这种联系在语言上获得了传达：在德语中，"公共的"（offentlich）这个概念是与"开放的""敞开的"（offen）一词联系在一起的。④公共性的内涵所具有的开放含义表明，不仅公共领域的话题是开放的，参与的公众是开放的，哈贝马斯说：把任一特定群体排除在外的公共领域在严格意义上已经不再是公共

---

① 汉娜·阿伦特著，竺乾威等译. 人的条件［M］. 上海：上海人民出版社，1999.
② 陈赟. 通达与敞开：中西政治哲学中的公共性［J］. 学海，2005（5）.
③④ K·黑尔德著，丈倪，梁康译. 胡塞尔与希腊人［J］. 世界哲学，2002（3）.

领域，而且公共领域中的交往语言也是开放的，这种开放性不但要抵制国家权力的强制干预，而且也要抵制来自学术领域的专业化趋势。①公共领域需要像"水晶"那样透明，这样就不至于为公共沟通与公共交往带来障碍。正基于此，汉娜·阿伦特才能断言，公共性的丧失，说到底意味着世界的退隐，也就是开放着的世界总体的自我封闭。②

公共性的价值内涵与道德原则要求公开透明。康德最先强调道德与公共性之间的紧密联系："凡是关系到别人权利的行为而其准则与公共性不能一致，都是不正义的""凡是与公共性相容的原则就都是正义的，因为具有最高决定权力的人无需隐瞒自己的准则"。③康德把公共性原则界定为任何政策为获得正当性而必须通过的一项检验。如果把某项政策公开，就会导致它的目标无效，那么这项政策就是不正当的。康德认为，把以全体公民的名义制定的政策展示在全体公民面前，是不会导致它的目标无效的。因此，在民主国家中，它缺少必要的手段来确保道德合法性。由此可见，公共政策必须是透明的。它们对于受其制约的公民应该是可证明为正当的。公共政策通过公开透明的检验被证明是正当的与有效的，那么就确保了政策的公共性。尽管公共性原则有其道德缺陷，但是那些缺陷自身必须被公开确认。公共性之所以有价值，首先是因为它是民主问责制的一个良友。民主是人类长久以来追求的理想价值之一，而信息之开放、自由与互换交流一直是民主的核心要件。以此观点而论，民主系意指政治系统中的人民，可为公共政策之关键事务作基本的决定。而公民作为民主系统中的最终决定者，必须拥有完整或至少

① 陶东风. 当代中国公共性的危机 [EB/OL]. http://www.tecn.cn/data/20499.html.
② 汉娜·阿伦特著，刘锋译. 公共领域和私人领域 [A]. 见：王晖，陈燕谷主编. 文化与公共性 [M]. 北京：三联书店，2005：83.
③ 康德. 历史理性批判文集 [M]. 北京：商务印书馆，1996：142.

大量的相关信息，以供其做出明智的政治选择①。民主的价值观植基于公民应该被给予更多机会与信息，以参与政府治理过程的原则之上。它督促公务人员尽到他们的职责。它也鼓励公民就公共政策进行商议而且能够使官员从公众意见中学习。边沁认为，一个人为了反对公共性，就必须假定公民在能力上不如官员，而且也必须假定官员比公民更值得信任。这些都是可疑的假设。可能许多公民政治上的能力不如某些官员，但是政治上积极的公民的相关能力却不是如此。这些公民有能力像官员那样进行判断，而且如果说他们在见识上较差的话，那也是隐瞒了公共信息的官员的错。边沁揭示了那些坚决支持保密的人的错误逻辑，他们对公民说："你们没有能力进行判断，是因为你们无知；而且你们将继续无知，因此你们可能继续没有能力进行判断"。②

6.1.2　透明因公共性得以可能

透明是对公共性本质的揭示与显化，其实质是对不确定性的消除与否定。即公共性是透明要揭示与显化的内容和对象，离开了公共性，透明就成了无本之木。因此，透明是"公共"领域的专利。公共性是人类社会本身所具有的本质属性，但是应然的公共性这一本质属性只有在个体社会逐渐发育、成熟的过程中才渐次展现，没有个体从整体的独立谈论公共性没有意义。同样，透明的特指含义就是指涉及"公共"的诸多领域的公开透明，尤指政务的公开透明，而私人领域恰恰是透明的禁区。个人的存在是自然性与社会性的统一，我们不能因为社会性的重要就实行"去自然化"的措施。

---

① 詹中原，公共政策问题建构过程中的公共性研究 [J]. 公共管理学报，2006 (3)：4.

② 阿米·古特曼，丹尼斯·汤普森著，杨立峰，葛水林，应奇译. 民主与分歧 [M]. 北京：东方出版社，2007：107-111.

"认识你自己"是自古希腊以来哲学对人们的要求。人只有在自我孤独的环境中人才能默会，才会思想，也才能真正成其为人。事实上，注重思想空间及自我解构的锻造，本身就反映着人类的进步，也代表着个体社会建立的标志。强调公共性的公开属性的阿伦特承认人们需要私人生活，完全地暴露给他人的生活是浅薄的，有所遮蔽才有所展现。爱德华·布斯坦（Edward Bluestein）认为："当一个人被迫无时无刻都要与其他人分享他的生活，而其需要、想法、欲望、幻想以至爱好等都一一受到公众的审视，他的独特个性和做人的尊严已被剥夺。这样的人与群众融为一体，他的意见由于会公之于世，所以从不会偏离群众的看法；他的志向由于会众所周知，所以大都难摆脱传统的窠臼；他的情感由于会公开展露于他人面前，所以大都欠缺个人独有的热诚，与其他人的情感并无二致。这样的一个人虽然有知觉，但是随时可被替换；他不是一个独立的个体"。① 由此可见，如果不对透明划定清楚的界线、将其严格限定在"公共"的领域，如果不确立起尊重隐私、保护隐私的观念与制度，那么人将不成为人，整个社会也必将为此付出惨重的代价——一个丧失个性自由的社会绝不可能是一个有创造力的社会。

透明不得进入私人领域具有重要的经济学意义。市场经济的特点就在于能够促进分工和协作，并保证成本与收益的对称性。即它能够把因合作产生的公共事务的公共性（即成本收益不对称性）控制在最低的范围之内，从而激发每一个人寻求充分的分工和协作的积极性，促进私人事务合作并实现私人利益最大化的具有公共性质的合作规则，促进共同繁荣。经济学原理认为，私人事务的理性目的是私人利益的最大化，它由此引起的收益完全由个人所得，它所

---

① E. J. Bloustein, Privacy as an Aspect of Human Dignity: An Answer to Dean Prosser, (1964) 39 NYULR 962, p1003.

导致的成本也完全由个人承担，所有事务也必须由有关个人的充分努力才能完成。① 因此，从经济学角度来看，因成本与收益的严格对称性，私人事务在其实施过程中无须任何外在的力量去组织，也无须任何外在的监督和激励措施，就可以有充分的激励使私人利益最大化，即私人物品的发展能够得到充分的发展，私害物品的供给能够得到有效的遏制。相反，如果私人事务经常遭到外在力量，哪怕是善意的组织、监督或者激励，私人事务的收益和成本的对称性就会遭到扭曲，这时私人物品的生产就会因外在力量而失去其天然的原动力，而私害物品的供给却有可能得到极大的鼓励。② 只有严格界定"公共"领域的范围，制定透明许可的制度安排，个人才可能是自由的，个人才可能独立地处理私人事务，私人事务完成过程的成本与收益的对称性才能得到保证。反之，由于没有独立的不受外在干涉的隐私，人们没有处理私人事务的自由，私事不隐，私人事务完全公开化，这时除非面临极端困难的情形，否则私人物品的供给成本和收益的对称性就会严重扭曲，"搭便车"等道德灾难就会接踵而至，个人处理私人事务的积极性就会挫伤殆尽，一个有创造力的社会就永远不会出现，整个社会也只能维持在止步不前的状态，永远与繁荣无缘。这就是凡是繁荣的社会也是自由的社会、贫穷的社会往往不是自由的社会的奥秘。

公共性是人类社会得以产生、存在与发展的本质属性。公共性表现为通过合作所产生的"合作剩余"。"合作剩余"是公共性的重要标志，同时也是人的丰富性、全面性和多样性的重要标志。在人的社会性或社会关系中，竞争是个人性的积累，是个体和共同体的活力来源；合作是公共性的积累，是个体和共同体的生存和发展手

---

①② 毛寿龙. 公共事务与制度选择 [A]. 见：现代化进程中的政治与行政：北大百年校庆暨政治系建系 10 周年文集 [M]. 北京：北京大学出版社，1998.

段。公共性是对人的类存在物、类活动和类现象的高度概括和抽象，揭示的是人类共在和共处活动与关系的基本属性和条件。人类社会的公共性遵循着公共性的原始形成、公共性的日渐展现与公共性的最终实现这一清晰轨迹演进的。

透明度特指公共事务信息公开透明的程度。可获得性、及时性、相关性以及信息的质量与可信赖性是衡量透明度的指标。取决和制约于公共性演进规律的公共事务信息透明度自身经历了初民社会的原始展现、专制社会的历史蒙蔽与民主社会的艰难复现三个大的阶段。通过"逻辑与历史的统一"这一分析方法发现，公共性与透明度之间具有内在的逻辑关联，即公共性的内涵具有公开透明的要义，公共性的实现以透明为条件；透明是公共性本质的揭示与显化，透明因公共性的界定得以可能。

从本质上看，公共性与透明度之间的逻辑关联在于公共性本身就具有公开透明的要义。具体而言，公共性有两层基本含义：一是指进入公共场合或公共空间而应有的可见性与公开性；二是与公共利益的关联性。公共性的这两种含义在应然意义上是重合的，即凡进入公共场合、为所公众关注、谈论的，都应该是与公众利益相关的；凡与公众利益相关的都应该向公众公开透明。

6.2 公共性危机与公共风险

不确定性与风险是一对同义语，用不确定性难以解释公共风险的成因。其实，公共风险来自公共性危机。公共性具有的公开性、整体性、均衡性、公平性等内在属性成为促进社会健康发展的内在动力。公共性缺失必然导致非均衡式发展，易陷入"国富民穷"的发展主义陷阱，随之而来的是社会贫富分化、公共服务萎缩、公共秩序遭到破坏等公共风险。不平衡不充分既是我国社会的主要矛盾，也是我国公共性危机的典型表现。不平衡是城乡、东西、贫富等多方面的不平衡，不充分主要是乡村发展不充分，西部发展不充分，贫困人口发展不充分。贫困地区的居民只能涸泽而渔才能维持生存，必然带来环境的破坏。利益集团追求短期利益，更是破坏环境的重要原因。当代环境恶化难以从技术上得到根本解决，正是源于自然环境的公共性缺失。从根本上说，公共机构的运行困境、公众参与度的日益降低、分配不公和贫富差距、人与人之间的关系冷漠、环境污染及能源短缺等问题都是当代公共性缺失的投射与表现。

瓦格纳法则表明，随着时代发展，社会日趋复杂，经济规模日渐庞大，跨界、跨领域以及跨国交流合作、对抗博弈亦越发复杂，社会总管理成本十分高昂。因此客观地需要更多的公权力机构统一规范社会与经济生活中的各种行为、应对更多的突发紧急情况、调节与约束各类人员或团体间的利益以及在国际竞争下保障本国国民的利益。国家权力的日益扩张甚至大包大揽，使政府拥有了诸多合法的行政力量与管理手段，并为保障这些权力的执行而掌控了大量资源。公众本身只能偶尔被纳入权力决策的循环运动之中，由无数独立的个体组成的公众，已经难以保证政治层面公共性的实现。这就是当今社会公共性危机的政治层面的根源。

从政治角度理解瓦格纳法则更有意义，既然公权力的日益扩张难以避免，就需要公民的有效政治参与来保障公共性的实现。然而，由于政治权力社会化与个体平等化之间不同步造成的矛盾，政治参与的消极化和过激化并存的矛盾，再加上制度的不健全，公众无法从公共性的角度出发提出自己的观点与看法，进而在协商和妥协的基础上解决问题。公众不得不像处理私人事务那样，优先考虑自身利益、纯粹着眼于自身要求的最大化。而且，政治参与是表达公民意愿的活动，政治参与主体的逃避会使任何有关政治参与的讨论失去意义。民众对某些特定政治事件关注过度、表达过度则是过激化的表现。政治参与消极化与过激化的矛盾存在造成了政治参与的困境，这表明我们现在既缺少连接个人和国家的有效的组织模式，也缺少民意整合的方法来充当公民的代言人，由此导致有效反映民意的通道匮乏，使政府很难对碎片化的社会个体给予及时而有效的回应。这是政治参与层面公共性缺失的集中体现。①

要消除公共性危机，首先要解决贫富差距过大的问题。在收入分配较为合理的社会中，财政收入的来源主要来自中高收入阶层，收入的来源广泛稳定且可持续，既获得了提高优质公共服务的资金，又可以有效控制财政赤字规模。即使因为自然灾害或者外部经济波动，造成财政突发大规模支出，财政也有承担这笔债务的能力和弹性，爆发巨额赤字风险和债务危机的可能性较小。一旦财政风险恶化，中等收入群体和高收入群体可以通过个人能力、家庭储蓄渡过难关。因此，注重收入分配的公平有助于减轻财政风险的危害程度，避免财政内部的不确定性，以应对高度复杂化的外部风险。改善收入分配结构需要从财政补贴的公平性上着手，尽量做到注重社会保障机制的公平性。在养老保险、医疗保险方面覆盖尽可能广泛的人群。在基础教育方面，缩小教育投入的城乡差异，让生活在不同区域、不同家庭的孩子具有相对公平参与竞争的起点和能力。

要消除公共性危机，还要着力提高预算的透明度。预算不透明对财政风险的影响主要是通过财政幻觉和财政监督缺位体现的。一是预算越不透明，越容易给公众造成财政幻觉。财政幻觉表现为税收和支出分离导致的财政幻觉、债务导致的财政幻觉、复杂的税制和间接的支付结构导致的财政幻觉、公共收入获取形式导致的财政幻觉。财政幻觉让纳税人感受到的负担比实际的负担轻，从而倾向于更大规模的财政支出，忽视了由此带来的财政风险。财政收支的

---

① 丰琰. 人的公共性的哲学思考［D］. 北京：中共中央党校，2016.

不透明，容易给纳税人产生错觉，高估了享受到的公共服务的效应，低估了为了供给公共服务所需要支付的税收。政府债务融资可能会导致纳税人只会感到资产的增加，而忽视了未来的纳税义务。二是透明度不高的公共预算无法给社会公众提供足够的信息去进行财政监督，也无法让研究者得到足够的资料进行财政收支状况研判，从而导致财政预算越不透明，财政风险真实状况就越难以掌握，财政风险恶化的可能性就越大的恶性循环。财政风险一旦爆发，透明不足的政府预算容易导致公众对预算体制的不信任和对政府数据的不认可，老百姓一旦变成"老不信"，就会陷入"塔西佗陷阱"，即政府在民众心中失去信用，从而加剧财政风险的蔓延，加速风险向危机转化的进程。

6.3 透明铸就现代财政

透过变幻莫测与纷繁缭乱的现代财政形成与发展的历史帷幕，可以看到有一条清晰的轨迹贯穿始终，即现代财政与市场经济相伴相生的内在联系：商品交换的发展→市场经济的孕育→私人财产权的确立与市场经济的诞生和发展→税权与私人财产权的冲突和不可调和→法治的形成→现代财政的诞生。由此可以发现，一个国家现代财政的建立与否，完善与否，仅仅从财政本身考察是难以看清庐山真面目。而循着市场化程度、私人财产权确立与否、法治与民主政治的路子可以清楚地看出现代财政是否真正建立，现代财政是否真正完善。

"不特定多数人"是公共性的可进入的核心要义。现代财政不能只针对特定群体开放，而将国民的大部分排斥在外，全覆盖是现代财政应有的品质。因此，城乡分割、"一国两策"是典型的计划财政，中国的现代财政就是一条由"取自家之财、办之家之事"的城市财政和国有所有制财政转变到全民财政和不同所有制一视同仁的现代财政之路。全覆盖程度是检验现代财政公共性的重要指标。全覆盖有两个内涵：一是覆盖面；二是覆盖程度，即公共服务均等化程度。

私人财产权的尊重与个体独立地位的确立是公共性彰显与实现的必备条件。西方社会个人主义泛滥，公共性受到侵蚀。中国社会与此相反，个体独立的物质基础即私人财产权没有受到应有的尊重，个体独立地位与个体独立意识始终没有真正确立，因此，公共性对中国而言就显得虚幻与抽象。中国社会长期以来过分注重对人的约束与管理，直到今天，档案与户籍仍是很多中国人心中的痛。如果说，改革开放四十多年来，政治体制改革远远滞后于经济体制改革的话，那么，对人的松绑的改革又滞后于政治体制改革。长期以来以约束和限制为导向的人才管理体制已经严重制约了中国经济社会的发展。中国的超稳定社会结构正在破冰与解构，一个与市场经济相适应的流动社会正在悄然形成，中国社会管理如何适应这一趋势，现代财政如何发挥应有的作用，现代财政如何实现应有的公共性的本质属性，这是当前中国社会走向理性化的最大难题，也是中国现代财政建设面临的深层次问题。

透明是现代财政应对时代挑战的有力手段。公共性与透明度是互为确证的统一体，公共性是本质，透明度是对公共性本质的揭示与显化，二者是一个问题的两个方面。现代财政的公共性与透明度对此进行了有力的诠释与验证。现代财政的公共性是灵魂、是本质、是基础、是目的。现代财政的透明度是要义、是手段、是诉求、是标志。没有市场化、法治与民主政治，就没有现代财政及其公共性，相应地，财政透明度既不现实，又无必要。财政透明度的真正意义在于，伴随市场化进程，伴随现代财政建立与完善过程，透明度可以对现代财政进行纠偏，不断对现代财政的轨迹进行矫正，使现代财政沿着充分实现公共性的路子走下去，保证现代财政的本质得以本真显现，并使现代财政日臻完善。在一定意义上可以说，透明铸就现代财政。

透明是揭示事务本质属性以消除不确定性的过程或行为。其实，透明是一个无时无刻不在起作用的纠错与防范机制。财政风险是现代财政建设的重大障碍，财政风险的集聚在一定程度上说是由于透明度不高造成的。当前，财政风险既有显性风险，如直接显性政府负债（对外债和内债的偿还、由预算法规定的支出等）和或然显性政府负债（上级政府对于下级政府、公有企业与私人部门的未偿债务进行担保等）；也有隐性风险，如直接隐性政府负债（公共项目的未来支出成本、未来的公共部门养老金、法律未要求的社会保障计划等）或然隐性政府负债（上级政府对下级政府和公有企业的坏账与欠款的清偿、当私人资本流动发生逆转时参与联合救援等）。这些风险当中显性风险是相对可控的，在一定程度上可以说不是风险，而真正的风险是隐性的风险。隐性风险的最大特点就是风险责任不清，"风险大锅饭"严重，导致风险失控而造成风险的最终爆发。隐性风险透明化是风险防范的重要手段，通过债务信息的公开透明，让风险时时处于预警与监督之中，并通过积极有效的手段及时予以化解。

把公众最关心的信息以简洁的语言公之于众是透明的本义。公开只是透明的必要条件，不是充分条件。透明要求公开，但公开未必透明。公开许多滞后的、不相关的、过于粗略的信息并不能改进透明度。这就要求财政部门善于把握财政工作的规律性，善于揭示本质，用最通俗易懂的语言公之于众。英美等国发布公民预算的做法就值得我们借鉴，这些财政透明度较高的国家通过公民预算的形式以通俗易懂的语言简要地把公民最关心的预算情况公之于众，真正做到既告诉了公众想知道的，又明白地告诉了公众想知道的。如果为了应付公众的呼声，把大量无关的信息公之于众（领导讲话、成绩经验、新闻消息等），或者把有用的信息混杂在海量的无用信息之中，这只能让公众无所适从，那不是真正的公开透明，这样的透明只能为公众所唾弃。当前，财政参与初次分配的隐性机制（"剪刀差"）以及财政支出的大口径分类是中国财政透明度不高的重要原因。

显然，透明度不但要对公共性本质进行揭示，要对事关公共事务运行规律的信息进行公开，而且要把握一个"度"的问题，即在当前对什么透明？透明程度如何？以后要对什么透明？透明程度又如何？这些情况又由什么决定的？这些问题都是很实际的问题，事关透明度改革能否顺利推进。其实，解决这些问题，归根结底还要回到公共性与透明度的内在联系上面，即公共事务信息透明的程度要受公共性实现程度的制约。比如现代财政改革，现代财政的公共性实现程度决定和制约了财政透明的程度，如果财政透明度改革滞后的话，将制约和影响现代财政的进一步改革和完善；如果财政透明度过于超前的话，也会对现代财政的完善造成一定的不利影响，并且过度的透明本身也难以实现。因此，准确把握公共性与透明度的内在联系，在完善现代财政基本框架的过程中，以公共性界定透明度的程度和范围，以透明度促进公共性的实现。这就是研究公共性与透明度关系的意义所在。

"人事有更替，往来成古今"。几千年来试图通过道德的倡导与弘扬达到官员自律的路径，历史以铁的事实证明此路不通。路径选择的错误往往导致南辕北辙，痛失纠错机会。今天，历史的车轮以不可阻挡之势迈进民主与法治时代，在弘扬与倡导道德的同时，通过公共事务信息的公开透明，发扬民主，倡导法治，尽快构建与完善现代财政的基本框架，这是历史赋予我们的光荣使命。

参考文献

［1］阿尔弗雷德·D. 钱德勒. 信息改变了美国：驱动国家转型的力量［M］. 上海：上海远东出版社，2008.

［2］埃利亚斯·卡内提著，冯文光，刘敏，张毅译. 群众与权力［M］. 北京：中央编译出版社，2003.

［3］埃利亚斯著，翟三江，陆兴华译. 个体的社会［M］. 江苏：译林出版社，2003.

［4］爱德华·汤普森著，沈汉，王加丰译. 共有的习惯［M］. 北京：商务印书馆，2002.

［5］爱伦·鲁宾. 公共预算中的政治：收入与支出，借贷与平衡［M］. 北京：中国人民大学出版社，2001.

［6］安德鲁·甘布尔著，胡晓进等译. 政治和命运［M］. 江苏：江苏人民出版社，2007.

［7］B. J. 理德，约翰·W. 斯韦恩. 公共财政管理（第二版）［M］. 北京：中国财政经济出版社，2001.

［8］邦雅曼·贡斯当著，阎克文，刘满贵等译. 古代人的自由与现代人的自由［M］. 上海：上海人民出版社，2003.

［9］鲍桑葵著，汪淑钧译. 关于国家的哲学理论［M］. 北京：商务印书馆，1995.

［10］布坎南，康格尔顿著，张定淮，何志平译. 原则政治，而非利益政治［M］. 北京：社会科学文献出版社，2008.

［11］布莱恩·巴里著，孙晓春，曹海军译．正义诸理论［M］．吉林：吉林人民出版社，2004.

［12］布坎南著，冯克利等译．宪政经济学［M］．北京：中国社会科学出版社，2004.

［13］财政部课题组．美国财政制度［M］．北京：中国财政经济出版社，1998.

［14］查尔斯·K. 罗利编，刘晓峰译．财产权与民主的限度［M］．北京：商务印书馆，2007.

［15］大卫·N·海曼著，章彤译．公共财政：现代理论在政策中的应用（第六版）［M］．北京：中国财政经济出版社，2001.

［16］戴维·伊斯顿著，王浦劬译．政治生活的系统分析［M］．北京：华夏出版社，1998.

［17］丹尼尔·W. 布罗姆利著，陈郁等译．经济利益与经济制度——公共政策的理论基础［M］．北京：高教出版社等，2007.

［18］丹尼斯. C. 缪勒著，杨春学等译．公共选择理论［M］．北京：中国社会科学出版社，1999.

［19］丹尼斯·朗著，陆震沦，郑明哲译．权力论［M］．北京：中国社会科学出版社，2001.

［20］J. C. 亚历山大著，邓正来译．国家与市民社会——一种社会理论的研究路径［M］．北京：中央编译出版社，1999.

［21］渡边信一郎著，徐冲译．中国古代的王权与天下秩序［M］．北京：中华书局，2008.

［22］丰琰．人的公共性的哲学思考［D］．北京：中共中央党校博士论文，2016.

［23］G. 戴维加森等，公共部门信息技术：政策与管理［M］．清华大学出版社，2005.

［24］高培勇，杨之刚，夏杰长．中国财政经济理论前沿［M］．

北京：社会科学文献出版社，2008.

［25］高文新．马克思理论基本范畴研究［M］．长春：吉林大学出版社，2007.

［26］郭方．英国近代国家的形成——16 世纪英国国家机构［M］．北京：商务印书馆，2007.

［27］郭台辉．齐格蒙特·鲍曼思想中的个体与政治［M］．上海：上海人民出版社，2007.

［28］国际货币基金组织（OECD）．中国公共支出面临的挑战：通往更有效和公平之路［M］．北京：清华大学出版社，2006.

［29］国际货币基金组织编著，财政部科学研究所译．财政透明度［M］．北京：人民出版社，2001.

［30］哈伊姆·奥菲克著，张敦敏译．第二天性：人类进化的经济起源［M］．北京：中国社会科学出版社，2004.

［31］汉娜·阿伦特著，林骧华译．极权主义的起源［M］．北京：生活·读书·新知三联书店，2014.

［32］黄俊杰，江宜桦．公私领域新探·东亚与西方观点之比较［M］．上海：华东师范大学出版社，2008.

［33］黄伟合．英国近代自由主义研究：从洛克、边沁到密尔［M］．北京：北京大学出版社，2005.

［34］霍布斯著，黎思复、黎廷弼译．利维坦［M］．北京：商务印书馆，2008.

［35］贾恩弗朗哥·波齐著，陈尧译．国家：本质、发展与前景［M］．上海：上海人民出版社，2007.

［36］贾康．财政本质与财政调控［M］．北京：经济科学出版社，1998.

［37］贾可·辛提卡著，方旭东译．维特根斯坦［M］．北京：中华书局，2004.

［38］姜维壮．当代财政学主要论点［M］．北京：中国财政经济出版社，1987.

［39］杰克·瑞宾、托马斯·D. 林奇，国家预算与财政管理［M］．北京：中国财政经济出版社，1990.

［40］金观涛．系统的哲学［M］．北京：新星出版社，2005.

［41］康芒斯著，于树声译．制度经济学（上下册）［M］．北京：商务印书馆，1962.

［42］科斯·哈特，斯蒂格伯茨籍著，李风圣译．契约经济学［M］．北京：经济科学出版社，1999.

［43］L. T. 霍布豪斯著，汪淑钧译．形而上学的国家论［M］．北京：商务印书馆，2002.

［44］李景鹏．权力政治学［M］．北京：北京大学出版社，2008.

［45］李侃如著，胡国成、赵梅译．治理中国：从革命到改革［M］．北京：中国社会科学出版社，2010.

［46］李云峰．马克思学说中人的概念［M］．北京：人民出版社，2007.

［47］理查德·A. 马斯格雷夫著，董勤发译．比较财政分析［M］．上海：三联书店、上海人民出版社，1996.

［48］理查德·柯伦著，庄嘉译．地球信息增长：历史与未来［M］．北京：社会科学文献出版社，2004.

［49］理查德·桑内特著，李继宏译．公共人的衰落［M］．上海：上海译文出版社，2008.

［50］厉以宁．资本主义的起源：比较经济史研究［M］．北京：商务印书馆，2003.

［51］刘钢．信息哲学探源［M］．北京：金城出版社，2007.

［52］刘建军．单位中国：社会调控体系重构中的个人、组织与

国家［M］．天津：天津人民出版社，2000．

［53］刘擎．权威的理由［M］．北京：新星出版社，2008．

［54］刘尚希．公共风险论［M］北京：人民出版社，2018．

［55］刘云龙．民主机制与民主财政：政府间财政分工及分工方式［M］．北京：中国城市出版社，2001．

［56］刘泽华等．专制权力与中国社会［M］．天津：天津古籍出版社，2005．

［57］卢梭著，何兆武译．社会契约论［M］．北京：商务印书馆，2003．

［58］卢梭．人与人之间不平等的起因和基础［M］．北京：商务印书馆，2007．

［59］芦恒，田毅鹏．韩国社会的公共性危机与转换［J］．吉林：东北亚论坛，2013（3）．

［60］吕旺实．公共财政制度［M］．北京：中国财政经济出版社，2002．

［61］罗伯特·D. 李、罗纳德·约翰逊著，曹峰等译．公共预算系统（第6版）［M］．北京：清华大学出版社，2002．

［62］罗伯特·阿克塞尔罗德著，吴坚忠译．合作的进化［M］．上海：上海人民出版社，2007．

［63］马骏等．呼吁公共预算——来自政治学、公共行政学的声音［M］．北京：中央编译出版社，2008．

［64］马骏，侯一麟，林尚立．国家治理与公共预算［M］．北京：中国财政经济出版社，2007．

［65］马骏．中国公共预算改革：理性化与民主化［M］．北京：中央编译出版社，2005．

［66］曼弗雷德·弗兰克著，先刚译．个体的不可消逝性［M］．北京：华夏出版社，2001．

［67］曼瑟尔·奥尔森著，陈郁等译．集体行动的逻辑［M］．上海：上海人民出版社，1995．

［68］孟春，阎坤．中国稳健财政政策研究［M］．北京：中国财政经济出版社，2005．

［69］孟广林．英国封建王权论稿——从诺曼底征服到大宪章［M］．北京：人民出版社，2002．

［70］尼斯．公共预算［M］．北京：经济科学出版社，2004．

［71］欧文·E.休斯著，张成福，王学栋等译．公共管理导论［M］．北京：中国人民大学出版社，2001．

［72］彭诚信主体性与私权制度研究．以财产、契约的历史考察为基础［M］．北京：中国人民大学出版社，2005．

［73］彭立群．公共领域与宽容［M］．北京：社会科学文献出版社，2008．

［74］普雷姆詹德著，应春子译．有效的政府会计［M］．北京：中国金融出版社，1996．

［75］乔恩·埃尔斯特著，高鹏程等译．社会黏合剂：社会秩序的研究［M］．北京：中国人民大学出版社，2009．

［76］上海财经大学公共政策研究中心．2005年中国财政发展报告：现代财政的信息、决策与职责［M］．北京：上海财经大学出版社，2005．

［77］申亮．我国财政透明度问题研究［M］．北京：经济科学出版社，2010．

［78］苏蕾．从强公共性到弱公共性——我国媒体评论公共性话语构建［D］．湖北：华中科技大学博士论文，2010．

［79］孙海洋．论公共主义价值观与国家治理现代化——一种公共政治哲学的反思［A］．见：伦理与文明（第4辑）［M］．社会科学文献出版社，2016．

［80］孙克姆·霍姆斯主编，王卫星校译．公共支出管理手册［M］．北京：经济管理出版社，2002.

［81］Thomas M. Cover Joy A. Thomas 著，阮吉寿，张华译．信息论基础［M］．北京：机械工业出版社，2008.

［82］唐霄峰．公开问题的哲学追问［D］．北京：中央党校博士论文，2009.

［83］托马斯·D. 林奇．美国公共预算（第四版）［M］．北京：中国财政经济出版社，2002.

［84］王军．中国转型期公共财政［M］．北京：人民出版社，2006.

［85］王南湜．从领域合一到领域分离［M］．北京：山西教育出版社，1998.

［86］王绍光．美国进步时代的启示［M］．北京：中国财政经济出版社，2002.

［87］王维国．论知识的公共性维度［D］．天津：南开大学博士论文，2002.

［88］王伟光．利益论［M］．北京：人民出版社，2001.

［89］王焱编．宪政主义与公共国家［M］．北京：北京三联书店，2003.

［90］韦森．经济学与哲学：制度分析的哲学基础［M］．上海：上海人民出版社，2005.

［91］魏建国．宪政体制形成与近代英国崛起［M］．北京：法律出版社，2006.

［92］汉斯·菲格著，谢地坤、朱葆伟译．东西方哲学年鉴（2016）［M］．北京：中国社会科学出版社，2017.

［93］亚当·斯密著，蒋自强等译．道德情操论［M］．北京：商务印书馆，1997.

［94］阎坤. 中国县乡财政体制研究［M］. 北京：经济科学出版社，2006.

［95］应奇，张培伦. 厚薄之间的政治概念［M］. 吉林：吉林出版集团，2008.

［96］约拉姆·巴泽尔著，钱勇，曾咏梅译. 国家理论：经济权利、法律权利与国家范围［M］. 上海：上海财经大学出版社，2006.

［97］扎哈维（Zahavi, D.）著，蔡文菁译. 主体性和自身性——对第一人称视角的探究［M］. 上海：上海译文出版社，2008.

［98］赵文洪. 私人财产权利体系的发展［M］. 北京：中国科学出版社，1998.

［99］周刚志. 论公共财政与宪政国家［M］. 北京：北京大学出版社，2005.

［100］周宁新. 个性发展与社会调控［D］. 北京：中央党校博士论文，2012.

［101］Alfred D. Chandler, Jr. The visible Hand, The Belknap Press of Harvard University Press Cambridge，1997.

［102］Arthur F. Burns and Paul A. Samuelson, Full Employment, Guideposts and Economic Stability, American Enterprise Institute for Public Policy Research, Washington D. C，1967.

［103］Brenan, Geoffery and Buchanan, J. m., The Power to Tax, Cambridge University Press，1961.

［104］Buchanan, J. M., The Limits of Liberty, University of Chicago Press，1975.

［105］Commission on Organization of the Executive Branch of the Government.（1949）. Budgeting and Accounting. Washington, DC, U. S. Government Printing office.

[106] Daniel W. Bromley, Economic Interests and Institutions: The Conceptual Foundations of Public Policy, Basil Blackwell Inc. , New York, 1989.

[107] Douglas C North and Robert Paul Thomas, The Rise of the Western World: A New Economic History, Crawfordsville, Indiana R. R. Donnelly & Sons Company, 1976.

[108] G. Tullock, "Some Problems of Majority Voting", Journal of Political Economy, December 1959.

[109] James M. Buchanan, Constitutional Economics, Basil Blackwell, Cambridge, 1991.

[110] John Hicks, A Theory of Economic History, Oxford University Press, 1969.

[111] Olson, Mancur, "Dictatorship, Democracy, and Development", American Political Science Review, Vol. 87, No. 3, 1993.

[112] Rostow, W. W. , Politics and the Stage of Growth, Cambridge University Press, 1971.

[113] Tullock, G. , The Politics of Bureaucracy, Public Affairs Press, 1965.

[114] Wildavsky, Aaron, The Politics of the Budgetary Process, Little, Brown, 1964.